あったかいね、永遠《とわ》の学《まな》び舎《や》

豊郷小学校物語

上坂 和美・文

もくじ

プロローグ

二〇一一（平成《へいせい》二三）年一二月。

アニメ映画『けいおん！』が全国で一斉《いっせい》公開されました。

『けいおん！』とは、桜《さくら》が丘《おか》高校軽音楽部のメンバーたちの高校生活が描かれているアニメです。その背景になったと考えられている古い校舎が滋賀《しが》県にあります。アニメの学校のモデルと思われたことで、二〇〇九年六月より実物を見ようと、多くのファンが「聖地巡礼《じゅんれい》」となづけ、見学にやってきています。

その校舎こそ七十五年前の昭和《しょうわ》一二年に建設された豊郷《とよさと》小学校の旧校舎、講堂《こうどう》・図書館です。

アメリカ人建築家のウィリアム・メレル・ヴォーリズの設計によるもので、郷土出身の実業家古川鉄治郎《ふるかわてつじろう》が、財産をなげうって寄付をしたのです。

鉄治郎《てつじろう》は、なぜ故郷に小学校を建てたのでしょうか。

また、ヴォーリズは、どんな小学校を設計したのでしょうか。

この小学校の長い歴史をたどると、輝《かがや》かしい栄光とともに、いくたびかの試練を乗りこえたできごともありました。

二〇〇一（平成《へいせい》一三）年の建替《たてか》え問題もそのひとつです。

校舎をこわすことに反対する卒業生や地域の住民たちが、小学校を保存しようという運動をおこしました。

「思い出がいっぱいの豊郷《とよさと》小学校を残そう」

「文化的な価値のある近代建築をこわすな」

「まだまだ使える美しい建物を保存しよう」

町を二分して保存か否かを議論された豊郷《とよさと》小学校問題は、報道を通じて全国に伝えられたため、日本中の人々の関心を集めました。

なぜ、この校舎はそれほど人々に愛されたのでしょうか。

日本の目ざましい発展の一方で、得たもの、失われていくものに気づいた人々にとって、一地方の小さな問題というだけではなかったのではないでしょうか。

❶ 鉄治郎《てつじろう》の願い

丁稚奉公《でっちぼうこう》へいく

明治《めいじ》時代がはじまって十年たったころ、滋賀《しが》県犬上《いぬかみ》郡豊郷《とよさと》村にひとりの男児が誕生しました。名前を古川鉄治郎《ふるかわてつじろう》といいます。

一八八七（明治《めいじ》二〇）年、鉄治郎《てつじろう》は、豊郷《とよさと》村の小学校を卒業することになりました。満九歳《さい》でした。当時、*義務教育は尋常《じんじょう》小学校の四年間だけ。卒業すると、高等小学校か中学校に進む人もいれば、そのまま社会に出ていく人もいました。担任教師は鉄治郎《てつじろう》に進学をすすめてくれていました。

職員室に鉄治郎《てつじろう》が入ると、机に向かっていた先生はくるりとふりむき、「こっち、おいで」と手まねきしました。

鉄治郎《てつじろう》はゆっくり歩いて先生のそばまで行きます。先生が言おうと

▶古川鉄治郎の生家

していることがわかっていたので口を一文字に結んでいました。

「古川《ふるかわ》、なんべんも言うけど、上の学校へ行ったらどうや？　わしから家の人に話してみよか？」

「やめてください。いま、うちはたいへんなんです」

「兄弟が多いからか？」

「はい。それに、父が『油屋には学問はいらん』言うてます」

きりっとした顔で先生をみました。

鉄治郎《てつじろう》の家の商売は油屋。玄関《げんかん》を入ったすぐの土間に油の入った大きなかめを置き、はかり売りしていました。客が持ってきたビンにろうとをおき、ひしゃくですくって油を流しいれ、代金をもらうのです。子どもが七人もいたため、油を売るだけでは生活が苦しく、鉄治郎《てつじろう》を上の学校へやる余裕《よゆう》はありませんでした。

「残念やな。兄さんは彦根《ひこね》中学から三高《さんこう》へいってるのに。おまえも学問したいやろ」

先生のことばに鉄治郎《てつじろう》は、歯をくいしばりました。

義務教育　一八七二（明治五）年に日本で初めて学校制度を定めた学制が公布された。この学制では、小学校は四年制の尋常小学校と四年制の高等小学校があり、このうちの尋常小学校が義務教育とされた。中等学校は、五年制の中学校（男子）・高等女学校（女子）・職業科があったが、中学校まで義務教育と定められたのは6・3制が施行された一九四七（昭和二二）年以降のことである。

彦根中学　正式名称は、彦根公立中学校。現在の滋賀県立彦根東高校。彦根藩藩校以来の歴史をもつ。

三高　第三高等学校の略。現在の京都大学。旧制高校は主に帝国大学に入学するための予科教育がおこなわれた。第一高等学校は現在の東京大学、第二高等学校は現在の東北大学などとなっている。

（ほんまは、兄ちゃんみたいに上の学校へいきたい。せやけど…。家のことを考えると無理や）

心でさけんでも声にはだせません。

目に強い光を宿している鉄治郎《てつじろう》を見て先生は、肩《かた》に手をおきました。

「そうか。人間は学校で勉強するだけがりっぱな生き方やない。しんぼうして働くんやで。おまえは、兄ちゃんとちがって、動作もおそいし、口べたや。せやけど、こうと決めたらてこでも動かへん強いとこがある。それに、まじめでへこたれへん。カメみたいに、ゆっくりでええから前進するんや」

先生のことばにうなずいたものの、ほんとうはくやしくてたまりませんでした。同級生には、高等小学校に進学したり、中学を受験する*ものもいます。こぶしをぎゅっとにぎりしめました。

（なんでわしは、学校へいかれへんねん。もっと勉強したい…）

帰り道、こみあげてくるなみだを手でぬぐい、田んぼのあぜを歩きながら心にちかったのです。

中学を受験する　一九〇〇（明治三三）年までは、進級判定により、学年を早く進んだり、修学期間が短くても中学を受験することができた。

「ようし。大阪《おおさか》行って一旗上げる。そいで、故郷へ錦《にしき》をかざるんや！」

一八八九（明治《めいじ》二二）年、春のおわり、十一歳《さい》になった鉄治郎《てつじろう》は、いよいよ大阪《おおさか》へ*丁稚奉公《でっちぼうこう》へいくことになりました。

おばの八重《やえ》が、朝まだ暗いうちにむかえにきました。

坊主《ぼうず》頭に少し髪の毛がのびている鉄治郎《てつじろう》は、風呂敷《ふろしき》包みを背中にしょいました。

丁稚奉公　江戸時代から太平洋戦争終結まで、少年が見習いとして商家に住み込み、ほとんど無給で雑用に従事していた。商家では旦那、番頭、手代、丁稚の順に位が低くなる。

父や母は心配でたまらないように声をかけます。

「風邪《かぜ》ひかんようにな。みなさんの言うことをよう聞くんやで」

「体に気をつけてな」

「にいちゃーん、盆《ぼん》には帰ってきてな」

門の外に出ていく鉄治郎《てつじろう》を、小さい妹や弟たちが追いかけます。

（だいすきな故郷のことは決して忘れへん。両親や妹、弟がいる、ここがわしの根っこや）

家族や、山や川や田を目に焼きつけるように、何度もうしろをふりかえりながら、鉄治郎《てつじろう》は生まれ故郷の滋賀《しが》県豊郷《とよさと》村をあとにしました。

「さあ、しっかり歩くんやで」

前をいく八重《やえ》が、はげまします。

*八重は、鉄治郎《てつじろう》の母つねの姉で、商店主の忠兵衛《ちゅうべえ》の妻です。当時主人の忠兵衛《ちゅうべえ》は、妻や子を故郷の豊郷《とよさと》村に残し、大阪《おおさか》で商売をしていました。伊藤忠兵衛《いとうちゅうべえ》は、のちの総合商社「*伊藤忠《いとうちゅう》商事」や「丸《まる》紅《べに》」の創始者です。総合商社とは、金属や機械、石油などのさまざま

八重　伊藤八重（一八四八～一九五二）。八重は豊郷村で大阪店で使う味噌や梅干のつけこみ、ふとんの打ち直しなどの裏方の仕事をしながら、新入店員の教育にもあたった。行儀作法やそろばんなど、店員として必要な教育をほどこした。

「伊藤忠商事」や「丸紅」　現在の正式名称は伊藤忠商事株式会社と丸紅株式会社。いずれの会社も一八五八年初代伊藤忠兵衛の創業としている大手総合商社。実際には伊藤精一が家督相続により二代目伊藤忠兵衛を名乗り、一九一四年伊藤合名会社を設立し、これを一九一八年に伊藤忠商事㈱（社長・二代目伊藤忠兵衛）と㈱伊藤忠商店（社長・伊藤忠三）に分離独立させた。その後、伊藤忠商店は伊藤長兵衛商店と合併して一九二一（大正一〇）年㈱丸紅商店（社長・伊藤長兵衛）が成立した。㈱丸紅商店は、現在の丸紅㈱の前身。

な商品を、輸出したり、輸入したりして海外との取引を行ったり、国内で販売《はんばい》したりする会社です。

　鉄治郎《てつじろう》たちは、近くの宇曽川《うそがわ》から小舟《こぶね》にのって、琵琶湖《びわこ》のほとりの薩摩浜《さつまはま》につきました。ここからは船をのりかえて大津《おおつ》に向かいます。

　船頭がろをこぎ出し、小船はゆっくり浜《はま》を離《はな》れていきました。いよいよ故郷とお別れです。琵琶湖《びわこ》の水面に朝陽があたってきらきらまぶしく光っています。

（大阪《おおさか》ってどんなとこやろ？）

　うまれてはじめて大阪《おおさか》に行く鉄治郎《てつじろう》は、ゆれる小船の上で、緊張《きんちょう》と不安でむねがいっぱいになりました。

　大津《おおつ》で船をおり、逢坂山《おおさかやま》を歩いてこえ、京都《きょうと》の三条《さんじょう》へ。ここからは、また船にのって大阪《おおさか》へ向かいます。*高瀬川《たかせがわ》をくだって京都《きょうと》の伏《ふし》見《み》につくと、すでに夕方になっていました。

　*寺田屋《てらだや》の船つき場で、荷物や客をのせ京都《きょうと》から大阪まで行き来する三十石船にのりかえました。


高瀬川（運河）　角倉了以により江戸時代初期（一六一一年）につくられた。その後、三百年間高瀬舟が京都二条から伏見まで人や物資を運んだ。

寺田屋　伏見の船宿。船つき場で三十石船が発着した。

「*いかい船やなあ」

鉄治郎《てつじろう》は目を見はりました。

「さすが、京の船はちがうな」

船が大阪天満《おおさかてんま》の*八軒屋《はちけんや》についたのは、次の日の朝でした。

「まるで祭りみたいに人がいっぱい」

きょろきょろあたりを見まわすと、羽織袴《はおりはかま》を身につけ頭に山高帽子《ぼうし》をかぶりステッキを持った紳士《しんし》、髪《かみ》を高く結《ゆ》い、あでやかな赤い着物姿の女の人、はっぴ姿の商人など、おおぜいの人が行きかっています。

「どないだす？　ぼん、うなぎ食べなはれ」

とつぜんだみ声のおじさんに声をかけられ、鉄治郎《てつじろう》はとびあがりました。

「わあ！　なんや！」

目の前に串《くし》にさしたうなぎがつきだされています。あたりには、こうばしく焼けたおいしそうな香《かお》りがただよっています。

琵琶湖《びわこ》でとれるゴリ（ハゼ科の魚）のあめだきを煮《に》るにおいを思い

いかい　「大きい」という意味。滋賀の方言。

八軒屋　かつて八軒の船宿があったことからこの名がついた。京都・伏見を結ぶ三十石船の大阪での発着場。

出しました。

「こうてや、こうてや、うなぎやで」

まるでけんかしているような、勢いのあるよびこみの声です。

「大阪《おおさか》ちゅうとこは、すごいとこや」

道の両がわには、うどん屋、薬屋、ぞうり屋、呉服店《ごふくてん》、こっとう屋、和菓子屋《わがしや》などの店が軒《のき》をつらねています。鉄治郎《てつじろう》がものめずらしそうにあちこちの店をきょろきょろのぞいていると、

「よそみせんと、はよ、おいでや」

前を歩いていた八重《やえ》が、後をふりむきました。

鉄治郎《てつじろう》は、おばさんのことばに大きくうなずき早足で近づきます。

前から親子づれが歩いてきます。

「あっ、あの子」

鉄治郎《てつじろう》は思わず立ち止まりました。同じ年くらいの女の子を、いっしゅん妹と見まちがえたのです。

家を出る時、心配そうに見送ってくれた父、母、姉、弟たちや妹の

顔がうかびます。鉄治郎《てつじろう》の耳に、前日別れた家族の声が聞こえてきます。

大阪瓦町《おおさかかわらまち》四丁目心斎橋筋《しんさいばしすじ》にある伊藤西店《いとうにし》についた時、鉄治郎《てつじろう》は、つかれも忘れて、ぼうぜんと見入ってしまいました。

(こんなりっぱな店、豊郷《とよさと》にはあらへん)

一八八七(明治《めいじ》一九)年から伊藤西店《いとうにし》は、ラシャという毛織物、ねまきや肌着《はだぎ》に使うネル、ビロード、カシミヤなどを、イギリスから輸入して売っています。

(おじさんのような商売人になれるんやろか)

不安が胸いっぱいに広がりました。

(せやけど、なんとしても商売を覚えるんや)

もやもやした気持ちをふりはらうように、勇気をふりしぼり、店先に一歩足を入れようとした時です。八重《やえ》がやんわりさえぎりました。

「あんたは、裏のひかえ家にいくんやで」

八重《やえ》は、背中を見せ、店と店の間の細い道から裏のほうへまわっていきます。鉄治郎《てつじろう》は、あわてて後をおいかけます。

店の裏の家では、おじにあたる、この店の主人の伊藤忠兵衛《＊いとうちゅうべえ》が寝泊《ねと》まりしています。鉄治郎《てつじろう》は、忠兵衛《ちゅうべえ》の身のまわりの世話をするとともに、教えをちょくせつうけることになりました。

はじめて、家にあがると、八重《やえ》は、さっそく鉄治郎《てつじろう》を前にすわらせ、静かに話しはじめました。

「今から鉄さんは、『鉄どん』とよぶえ。なんぼわての親戚《しんせき》でも、ひいきはできまへん。つらいこともあるやろけど、おきばりやす」

「へえ」

鉄治郎《てつじろう》は、神妙《しんみょう》にうなずきました。

（一人前の商売人になるんや）

そんな気持ちで大阪《おおさか》へ出てきたのです。けれど、夜、ふとんをしいて寝床《ねどこ》に入ると、

（いまごろ、みんなどうしてんのやろ）

父や母、姉、弟や妹の顔がぼわんと頭にうかびました。

伊藤忠兵衛　（一八四二〜一九〇三）初代伊藤忠兵衛。豊郷町出身。近江麻の行商より身を起こし、大阪本町に店を開く。近江商人の三方よしの精神で商売を成功させた。伊藤忠商事と丸紅の創業者。

▶初代伊藤忠兵衛

「にいちゃーん。はよ帰ってきてな」

泣きそうな顔で、いつまでも手をふっていたすぐ下の妹の声が聞こえた気がしました。けれど、三年間は実家へ帰ることができません。

（わしの顔、忘れてしまわへんやろか？）

故郷の豊郷村《とよさとむら》は、近江米《おうみまい》というおいしいお米がとれることで有名なところです。目をつぶると、青々した稲《いね》の苗《なえ》が波だつように風にそよいでいる田園風景がうかびました。

まだ十一歳《さい》の鉄治郎《てつじろう》の目からなみだがこぼれ、ほおをつたいました。

しかし、そんな弱音をはいているひまはありませんでした。

毎朝、人より早く起き、主人や店のこまごまとした用事を片づけたり、夜は、読み書き、筆算などの勉強をし、仕事を覚えなければならないからです。主人忠兵衛《ちゅうべえ》は鉄治郎《てつじろう》を身近において、勘定《かんじょう》書記をつとめさせようとしていました。

夜は、店の向かいの泊雲塾《はくうんじゅく》という学校で漢文を読んだり、英語や帳簿《ちょうぼ》のつけ方を勉強しました。

主人が、学校へ通わせてくれたのです。

「もうくたくたや」

勉強ができることはうれしくても、鉄治郎《てつじろう》は、毎日ふとんにはいるとばたんと寝てしまいました。

けれど、ひまをみつけては、泊雲塾《はくうんじゅく》で習った漢文を読み返して字を覚えました。ぞうきんがけの時も、ぞうきんで廊下《ろうか》に字を書いて練習をしました。帳簿《ちょうぼ》のつけ方なども、ひとりで何度もくりかえしました。

覚えなくてはいけないことが、山のようにありました。

こうして二年間は無我夢中ですぎていきました。

一八九二(明治《めいじ》二四)年春。

十三歳《さい》になった鉄治郎《てつじろう》は、大阪本町《おおさかほんまち》にある伊藤《いとう》本店での仕事を命じられました。

「いよいよきょうから、本店で働ける。がんばるぞ」

胸がわくわくしてきました。

▶伊藤本店

店の前には、地面にくっつきそうなほど長くはばの広いのれんがかかっていて、「紅」を○で囲んだ屋号が染《そ》めぬかれていました。

店頭には木箱が何個も積み上げられ、おおぜいの客や店員でにぎわっていました。

「鉄どん、はよ起き。しっかり手伝うんやで」

つぎの朝はやく、台所仕事をするおばあさんに起こされ、あわててふとんからとびおきました。ねむい目をこすりながら紺色《こんいろ》のしまの着物に手をとおし、帯《おび》をしめ、まえだれをかけます。*おしきせといって、店からあたえられた着物をきるのです。水をくみに行ったり、みそ汁を運んだり大いそがしです。

店の人が食べ終わってから、やっと丁稚《でっち》たちの食事です。食事の片づけが終わると、次はそうじ。表をほうきではいてから、かたくしぼったぞうきんで床を水ぶきします。

「鉄どん、おともしなはれ」

*番頭は、そう声をかけると、ふろしきを広げ、反物《たんもの》をのせはじめま

おしきせ　お仕着せ。昔のボーナスのようなもので商家の主人から奉公人へ盆と暮れに着物が与えられた。その着物のこと。今では一方的に与えられたり、おしつけられたりするという意味につかわれる言葉。

番頭　商家において、使用人の中で最高の地位にあり、店の営業・経理などすべてを預かる立場の人。丁稚、手代までは住み込みだが、番頭になると通いや結婚が許された。

した。番頭というのは、店のなかでは支配人のつぎに位の高い人です。

「えっ、どこに行くのですか？」

「いまから、お客さんの家へ品物をとどけるんや。荷物もちなはれ」

（知らん道でまいごになったら、たいへんや）

鉄治郎《てつじろう》は、大きなふろしきづつみをかつぎ、番頭の後をおいかけながら歩いていきました。

伊藤《いとう》本店は、全国から*友禅《ゆうぜん》、銘仙《めいせん》、紬《つむぎ》、縮緬《ちりめん》、絣《かすり》などの反物《たんもの》を仕入れ、小売店に売るという卸売《おろしう》りをしています。

ある時、店で番頭が、*加賀友禅《かがゆうぜん》の反物を客にすすめていました。

「どうだす、この柄《がら》。奥様、ようお似合いですよ」

「せやろか」

「いまはやりの柄《がら》でっさかい。よろしいで」

客の肩《かた》にかけられた反物を見て、鉄治郎《てつじろう》は、あわてて口をはさみました。

「あの。それは…。ここに傷がありますので、ほかのにされたらどう

友禅、銘仙、紬、縮緬、絣　友禅は下絵の上に米糊などの防染剤で細い輪郭線を描き、筆や刷毛で染料を染め付けた織物。最後は生地全体の地の色を染め、防染剤や余分な染料を洗い流して仕上げる。大変手間のかかる染色技法で、宮崎友禅斎が完成したといわれる。銘仙は先染め平織りの大衆向けの絹織物。紬は、真綿から紡いだ紬糸で織った絹織物。先に染めた糸を機で織り、野趣に富んだ風合に仕上げた。縮緬は、緯糸に強くよった縮糸を使うことにより、生地の表面にしぼ（凸凹）をだした絹織物。絣は綿織物が多く、模様がところどころ「かすった」ように表現されるところから、この名がついた。絣の模様は、染めや織りによってだされる。

加賀友禅　江戸時代中期に京友禅を参考に独自に加賀（現在の金沢）で確立した染色技法。

ですか?」

「あら、ほんま。ほならきょうはやめとくわ」

客は帰ってしまいました。

「あほ、せっかく売れるとこやったのに。なんてことというねん。丁稚《でっち》のぶんざいで」

おこってまっかな顔になった番頭は、鉄治郎《てつじろう》を店のうらにひっぱっていきました。

「すんまへん。せやけど、そんな商品売ったらお客さんにもうしわけない思て…」

鉄治郎《てつじろう》はおろおろしました。

「よけいなこと言うな! なんもわからんくせに」

番頭の大声を聞きつけたあるじの忠兵衛《ちゅうべえ》は、本当に反物《たんもの》に傷があるかどうかを調べました。傷があるのを確認すると、番頭をしかりました。

「商売は自分たちがもうけることだけ考えてたらあかん。買うてくれる人にも喜んでもらわなあかんし、さらに世間さまにも役立ってもらわなあかんねや」

忠兵衛《ちゅうべえ》の口ぐせでした。

「なにより信用を重んじなはれ。客も得をして、ひいては社会のためになるものを売るんや」

鉄治郎《てつじろう》は、忠兵衛《ちゅうべえ》のこの信念をうけつごうと心にちかいました。

忠兵衛《ちゅうべえ》は、独自の工夫で商売をしていました。当時は、できあがった織物を産地から店へ送ってもらうのがふつうでした。けれど、忠兵衛《ちゅうべえ》は、店員を産地に派遣《はけん》して、生産された織物を、店員の眼で確かめて仕入れさせました。まちがいのない品物を手に入れることができるからです。

〈いい反物を安く仕入れ、お客さんに喜んでもらうためには、商品をよく調べなあかんねや〉

鉄治郎は、織物の勉強をはじめました。生地《きじ》や色柄《いろがら》、糸づかい、織り方、染色などを見て、人気がでる商品かどうかをみきわめるのです。

▶古川鉄治郎（十九歳）

▶古川鉄治郎（二十四歳）。上から二列目、右から二人目。

こうして一つひとつの仕事にまじめに取り組み、よい織物を仕入れたため、しだいに主人から認められ、仕入れ係りの主任という大事な仕事をもらいました。

仕入れ先では、

「こんどの主任さんは、品物についてよく研究しているよ。とことん、安くてよい品物を買おうとされている。若いのにきびきびしてとても気持ちのいい人だなあ」

と信用されました。事業が拡大するにつれ、鉄治郎《てつじろう》は、副支配人、支配人としだいに店の重責をになうようになっていきました。

しかし、一九二一（大正《たいしょう》一〇）年に全国的な恐慌《＊きょうこう》状態が起きると、危機をのりきるため、伊藤忠《いとうちゅう》商店は、伊藤長兵衛《いとうちょうべえ》商店と合併《がっぺい》して株式《かぶしき》会社丸紅《まるべに》商店となりました。

鉄治郎《てつじろう》は、四十三歳《さい》の若さで丸紅《まるべに》商店の専務になると、先頭に立って会社をひっぱっていきました。

あつかっていた呉服《ごふく》、帯などもよく売れましたが、鉄治郎《てつじろう》は、ずっ

恐慌　第一次世界大戦後、海外市場の悪化により一九二〇（大正九）年、深刻な景気後退が突然起こった。二十一行の銀行が破綻し、多くの企業が倒産に追い込まれた。

と先のことを考えました。

「日本はもっと近代化する。よし、背広をどんどん売ろう。そのためには毛織部を独立させなくては…」

会社が成長するにつれ、株《かぶ》も上がります。株式《かぶしき》会社は、事業に必要な資金を得るため、株券《かぶけん》というものを発行します。株券《かぶけん》を買うことによって株主《かぶぬし》は、会社に資金をだすことができるのです。その株券《かぶけん》のことを株《かぶ》とよびます。買った時の値段より、株の値段が上がれば差額が利益となります。

鉄治郎《てつじろう》が持っていた丸紅《まるべに》商店の株《かぶ》は大はばに値上がりし、財産もふえていきました。

（次の世代をになう、若く、貧しい店員たちには、明日への希望がいる。そのためには、教育が必要だ）

鉄治郎《てつじろう》は、忠兵衛《ちゅうべえ》に勉強をさせてもらった体験から、教育が大切なものだということを知っていました。そして店員たちのために、学校をつくろうと考えました。

（上の学校へいきたくてもいけなかった。そのため、恥をかいたり、失敗したことも多くあった。自分のような思いを、子どもたちにさせたくない）

一九二五（大正《たいしょう》一五）年六月、丸紅《まるべに》商店の本店に「私立丸紅商店《しりつまるべにしょうてん》青年訓練所《せいねんくんれんしょ》」を開き、小学校を卒業したばかりの店員に中学校にあたる教育をしました。さらに一九三〇（昭和《しょうわ》五）年一一月には、京都《きょうと》支店に「私立丸紅商店訓練所《しりつまるべにしょうてんくんれんしょ》」を設立しました。

（二年間、泊雲塾《はくうんじゅく》に通わせてもらってありがたかった。こんどは、自分が若者たちに勉強できる機会をあたえる番だ）

鉄治郎《てつじろう》は、教育をうけさせてくれた忠兵衛《ちゅうべえ》に感謝していました。

鉄治郎《てつじろう》には*義三《よしぞう》という十歳《さい》ちがいの弟がいました。義三《よしぞう》は、鉄治郎《てつじろう》の仕送りで、東京帝国《とうきょうていこく》大学を卒業すると、フィリピンの*ダバオで事業をおこし、木材やマニラ麻《あさ》を日本に輸出していました。

一九二七（昭和《しょうわ》三）年、義三《よしぞう》にすすめられ、初めて七か月間の海外視察にでかけました。

義三　古川義三（一八八八〜一九八五）。鉄治郎の実弟。東京帝国大学農科林学科卒業、一九一四（大正三）年、フィリピン・ダバオに古川拓殖㈱を設立。マニラ麻産業に携わった。一九六三（昭和三八）年、南米エクアドルにマニラ麻会社を再建し、日本人移民を受け入れ同国に繊維産業をおこした。

▶古川義三（右）と家族

「ついに外国へ行ける。なんでも見てくるで」

神戸《こうべ》を出航《しゅっこう》したプレジデント・リンカーン号のデッキから大海原を見わたし、はやる心をおさえました。

アメリカでは、広くて明るいスタンフォード大学を見学しました。

「ほー、こんな大きな学校は、はじめて見た。これが、スタンフォード氏の寄付によって建てられたとは…」

さらに、初代ジョン・ロックフェラー*が、多額の基金を出して文化・福祉《ふくし》の目的に役立てるために設立したロックフェラー財団*のことを知り、アメリカ人のお金の生かし方に感心しました。アメリカでは、企業《きぎょう》が利益をあげると、社会に還元《かんげん》することが大切だと考えられているのです。

「これはすばらしい考え方だ。おかげさまで、わたしは事業に成功した。せめて財産の一部だけでも、社会のために生かしたいものだが」

なにをどうするかは、まったく決めていませんでした。けれど、目の前がぱっと開けた気持ちがしました。

ダバオ　フィリピン南部ミンダナオ島にある都市。フィリピン第三の都市。二十世紀初頭、多くの日本人移民がマニラ麻などの農園経営や材木や雑貨の貿易、漁場基地などに従事していた。一九三六（昭和一一年）には一万八千人が東南アジア最大の日本人街を形成していた。

ジョン・ロックフェラー　（一八三九〜一九三七）アメリカ合衆国の大富豪。石油王と呼ばれた。後にシカゴ大学やロックフェラー医学研究所を設立するなど巨額の資金を慈善事業につぎこんだ。

ロックフェラー財団　「人類の福祉の増進、教育」を活動目的とし、ジョン・ロックフェラーがつくった慈善事業を行う財団。本部はニューヨークにある。

学校を寄付したい

一九三五（昭和《しょうわ》一〇）年になりました。鉄治郎《てつじろう》がいそがしい仕事のあいまをぬって、故郷にもどった時です。父親の半六《はんろく》からこんな話を聞きました。

「おまえも通ってた豊郷《とよさと》小学校やが…、生徒がふえるたび、増築をくりかえしていたけど、これ以上は無理。いたんできたから、建てかえなあかんねけど、村にはお金がない。村のもんは、困ってるんや」

「ほー、あの小学校が。そうですか…」

鉄治郎《てつじろう》は、その話を聞くと、さっそく小学校を見にいきました。この校舎は一八八七（明治《めいじ》二〇）年に至塾《しじゅく》小学校という名で創設され、一八九二（明治《めいじ》二五）年、豊郷尋常《とよさとじんじょう》小学校と改称《かいしょう》されていましたが、子どもがふえたため、一九〇九（明治《めいじ》四一）年に増築していました。その後三十年近くがすぎ、児童数は六百人以上にもふくれあがってい

▶豊郷尋常小学校旧校舎

たのです。すこしずつ増築していった校舎も、それ以上大きくすることは、むずかしくなりました。

「さすがに、もう、子どもをうけいれるにはせまいな」

学校の敷地《しきち》にはかぎりがありました。

（この学校は、村のはしにある。村の中央に広い土地を買って、新しい小学校を建ててやれたら…）

鉄治郎《てつじろう》は、アメリカ旅行の時に見た*スタンフォード大学を思い出しました。

「そういえば！」

ある考えがうかびました。

さっそく知り合いの銀行の支店長に、

「わたしが持っている株券をあずけるから、三十万円貸してくれませんか？」

とたのみました。

「えー、さ、三十万円も？」

スタンフォード大学　一八九一年創立。アメリカ合衆国カルフォルニア州スタンフォードにある名門私立大学。アメリカの鉄道王リーランド・スタンフォードがただ一人の息子と死に別れ、財産の処分として寄付したもので、正式名称はその息子の名をとり、「リーランド・スタンフォード・ジュニア大学」という。

▶アメリカ旅行時の鉄治郎（中央）と義三（右）、弟・正三（左）

とてつもない金額に、支店長はおどろいて、聞きかえしました。

三十万円といえば、いまのお金で約十五億円ほどです。

「それぐらいは、どうしてもいるのです」

「そ、そんな大金、い、いったい、どないしはりますんや?」

しどろもどろです。

鉄治郎《てつじろう》は、たんたんとした調子で言いました。

「郷里に小学校を寄付したいのです。鉄筋《てっきん》コンクリートにするので、三十万円いるのですよ」

「ほー、なんと、まあ」

支店長は口をぽかんとあけ、まだ納得できないと言いたげに首をかしげます。

「なぜ小学校など寄付しはるんでっか?」

「わたしたちは、故郷で育てられ、教育をうけてここまで大きくなった。故郷から大きな恩《おん》をうけているのです。わたしは仕事がうまくいき、いささか資産もできたので、故郷に恩を返したいのです」

「聞いたこともない話やな。あんさんは、とてつもないことをされるお方ですなー」

支店長は、ようやく納得したようにうなずきました。

(わたしの根っこは故郷にある。都会でがんばれるのも故郷のおかげだ。その故郷の教育に金をつかいたい)

鉄治郎《てつじろう》は、いとこの*二代目伊藤忠兵衛《いとうちゅうべえ》にも相談しました。どういう学校をつくりたいかを話すと、忠兵衛《ちゅうべえ》は顔をくもらせました。

「教育に寄付するのは、すばらしいことや。わたしも大賛成やで。せやけど、そんな大金をつかって子どもに学校をあたえる必要があるのか? ぜいたくすぎないか」

鉄治郎《てつじろう》は、忠兵衛《ちゅうべえ》の目をまっすぐに見ました。

「わたしは、豊郷《とよさと》から大阪《おおさか》にでてきたとき、見たことがないものばかりで、おどおどしていました。田舎の子が都会にでても、堂々と胸をはっていられるよう、できるかぎり都会以上の設備を持った学校を建てたいのです。わたしの故郷の子どもたちに、のびのび学んでもらい

二代目伊藤忠兵衛 (一八八六〜一九七三) 豊郷町出身。幼名は伊藤精一。父・初代伊藤忠兵衛が創業した伊藤本店の後継者となり事業を発展させた。伊藤忠と丸紅という二つの総合商社の基礎を築いた。

▶二代目伊藤忠兵衛

たいのです」

「しかし…」

忠兵衛《ちゅうべえ》は、ことばをにごしました。

「きみの財産の大部分が消えるぞ。あとで後悔《こうかい》しないか？　心配だ」

「わたしなら大丈夫です。それがわたしの夢なのです」

鉄治郎《てつじろう》は頭をさげました。

忠兵衛《ちゅうべえ》は、「うーん」とうなり、考えこむように目をつぶりました。

「きみは、もしかしたら、この学校を建てるために生まれてきたのかもしれんな」

小学校を寄付する決心をした鉄治郎《てつじろう》は、土地を買うめどがたつと、さっそく豊郷尋常《とよさとじんじょう》小学校の山中《やまなか》校長の意見を聞きにいきました。

「ありがたいお申し出です」

山中《やまなか》校長は、鉄治郎《てつじろう》の話を聞くと、感きわまったように頭をさげて言いました。

「困っていたのです。教室には子どもたちがすしづめになってます。

運動場もせまいので、おもいきり運動することもできないのです」

「山中《やまなか》先生、鉄筋造りにしたいので、規模《きぼ》や構想をねっておいてください」

「わかりました。他校を見学し、研究します」

山中《やまなか》校長は、何度もうなずきました。

鉄治郎《てつじろう》は、つぎに豊郷《とよさと》村の村長に郵便を送りました。

村長が封筒《ふうとう》を開くと、手紙といっしょに、「寄付申請書《しんせいしょ》」がはいっていました。

*寄付申請書《しんせいしょ》

豊郷尋常《とよさとじんじょう》高等小学校敷地《しきち》と建物いっさいを寄付します。

土地を買収し、引き続き建築を完成させますのでお納めくださ

寄付申請書　原文は以下の通り。

寄付申請書
一、豊郷尋常高等小学校敷地及び建物
一切
右大字石畑字六町及び山道に於て買収、引続き建築竣功の上寄付仕度候間、御採納相成度、此段申請候也。
昭和十年五月十二日
古川鉄治郎
豊郷村長　村岸峯吉殿

いますよう申し上げます

古川鉄治郎《ふるかわてつじろう》

昭和《しょうわ》十年五月十二日

豊郷村長　村岸峯吉殿

「これは…」

申請書《しんせいしょ》といっしょにはいっていた手紙を読んだ村長は、ことばもありません。

「なんとまあ、約四万平方メートルの土地とは。いまの小学校の六倍もあるではないか。古川《ふるかわ》さんの、子どもたちを思う真剣《しんけん》なお気持ちはよくわかった。いますぐ議会を開き、採択《さいたく》をとらなくては…」

興奮《こうふん》した様子でつぶやきました。

とつぜん召集《しょうしゅう》された議員たちは、「いったい何事が起こったのか」と、たがいに話しながら議場にはいってきます。寄付についての村長の話に、どよめきの声があがりました。

「おお。これで、わが村の学校問題は、すべて解決する。それにしても古川鉄治郎《ふるかわてつじろう》は、すごいことをする男ですなあ」

みんなは、目を丸くして口々に言います。

「ごせいしゅくに」

議長は、バシッと槌《つち》で机を打つと、立ちあがりました。

「それでは、いまから採決をとります。古川《ふるかわ》氏の寄付をうけいれますか？」

大きな拍手《はくしゅ》がわきおこりました。議長がぐるりと見わたすと、どの顔にも笑顔があふれています。

「反対意見はないのですね。それでは、可決いたします」

高らかに宣言すると、拍手《はくしゅ》がいっそう大きくなりひびきました。

議会が閉会すると、村長はすぐに鉄治郎《てつじろう》に電報を打ちました。

ガッコウ　キフ　シンセイノ　ケン　マンジョウイッチ　カンシャ

ノウチニ　カケッス」「ココニ　ツツシンデ　カンシャス

鉄治郎《てつじろう》が海外視察に行った時、同行した弟の義三《よしぞう》は、兄が学校を寄付すると聞き、喜びました。フィリピンのダバオで事業をしていたのですが、製造した木材を建築用として大量に日本に送り、兄を支援《しえん》しました。

理想の小学校

鉄治郎《てつじろう》は、アメリカ視察で子どもの自由と個性を大切にする教育や文化に感銘《かんめい》をうけていました。なんとかして、日本の子どもたちにも、あのような教育を手わたしたいと願いました。

（今の自分なら、どこにもない理想の小学校がつくれる。校舎だけでなく、備品も本物を使って学ばせたい。）

鉄治郎《てつじろう》は、自分の思いを実現してくれる建築家をさがしました。すると、故郷に近い近江《おうみ》八幡《はちまん》に、*ヴォーリズというアメリカ人の建築家がいることを知りました。

（最近一番の建築家といわれている人だが、はたして、わたしの理想どおりの学校をつくってくれるのだろうか？）

少し心配な気持ちで、あらかじめ用件を伝えてから、事務所をたずねました。

ドアをノックすると、出てきたのは、日本人の若い男性です。鉄治《てつじ》郎《ろう》が、自分がやってきた用件を説明すると、すぐ応接間《おうせつま》に案内されました。しばらくいすにすわって待っていると、にこにこ笑いながら、アメリカ人が、部屋にはいってきました。

「ハロー、ミスターフルカワ」

さっと手をだして握手《あくしゅ》をもとめました。

ヴォーリズの人なつこさに鉄治郎《てつじろう》は、おどろきました。二人は、向かい合ってすわり、鉄治郎《てつじろう》は、さっそく自分の希望を伝えました。

「日本国の力を伸《の》ばすには、将来国を支える子どもたちの教育が大切

ヴォーリズ　（一八八〇〜一九六四）アメリカ合衆国カンザス州レブンワースで生まれる。一九〇五（明治三八）年、二十四歳のウィリアム・メレル・ヴォーリズは滋賀県立商業学校に英語教師として赴任。熱心にキリスト教を布教するかたわら建築設計事務所を開く。また近江兄弟社を設立しメンソレータムを販売した。日本人女性と結婚し、日本国籍をとり永住した。

▶ウィリアム・メレル・ヴォーリズ

です。アメリカに旅行して、たくさんの学校を見てきました。広々とした校庭には木がたくさんあり、明るい校舎で、子どもたちはゆったり学んでいたのです」

「ザッツ・ライト。学校は夢を育てるところなんです。子どもたちにとってホームです。温《あたた》かくて落ち着けるところでなくてはなりません」

「ホーム？」

「イエス。家庭のように温《あたた》かいふんいきの小学校をつくるのが、わたしの夢なのです。仕事、勉強、運動をバランスよく学ぶことで、子どもたちは、心と身体、ともに健康に育つと考えています」

「なるほど。それが、理想の学校なのか」

鉄治郎《てつじろう》は、ヴォーリズが、自分と同じ考えを持っていることを初めて知りました。

「そのためには、校舎と同時に農園・運動場も設計したいのです。子どもたちを愛する気持ちを、学校としてトータルに表現したいと考えています」

鉄治郎《てつじろう》は、おどろきました。

（ヴォーリズの子どもへの愛情は、もしかしたら自分以上なのかもしれない。この人にならわたしの財産をかけた学校をまかせられる）

ヴォーリズも、最初は、お金持ちが小学校を寄付するだけだと考えていました。

けれど、鉄治郎《てつじろう》の、子どもたちの教育にかける情熱が本物であると、すぐにわかりました。

二人は、すっかり意気投合し、話はつきることがありません。

鉄治郎《てつじろう》が、ヴォーリズに設計をまかせたのはいうまでもありませんでした。

一九三五（昭和《しょうわ》一〇）年のある日、細《こま》かい打ち合わせをする会がひらかれました。鉄治郎《てつじろう》は、ヴォーリズに、どんな学校を建てたいかという、自分の希望を伝えました。その場には山中《やまなか》校長もいました。

ヴォーリズはにこやかにつづけます。

「ミスターフルカワ、学校のシンボルとなるものを考えましょう」

「シンボル?」

「イエス。シンボルは大切です。この学校を思い出す時に、なつかしく心にうかべることができるものを何か考えましょう」

「ほー、そういうものですか」

「オー、イエス、イエス」

ヴォーリズは何度もうなずきました。鉄治郎《てつじろう》は目をとじて考えました。

(なつかしいもの? そうか)

いいことを思いつき、目を開きました。

小学校の先生から言われた、「カメのようにゆっくりでいいから、前へ進むんだ」ということばを思い出したのです。

「カメはどうですか?」

「カメ? タートゥル……。オー、カメならイソップ。ウサギとカメ……。グッド!」

(なに? カメってあのどんくさいカメか?)

盛り上がっている二人を見ながら、山中《やまなか》校長はおどろきました。

（せめてはばたく鶴《つる》とか…）

しかし、話はどんどんすすんでいき、ウサギとカメが学校のシンボルに決まりました。

（教育の理想が実現できるような小学校をつくろう）

三人とも熱心に、新しい小学校のイメージを話しつづけました。

「校舎の設備や備品は、山中《やまなか》校長とヴォーリズさんにおまかせします」

鉄治郎《てつじろう》のことばに、二人はあらためて責任の重さを感じました。

「わかりました。何が必要か調べます」

校長は身をひきしめてこたえました。

ヴォーリズにしても、約四万平方メートルもの広大な敷地《しきち》に校舎のすべての配置を設計するのは、はじめてです。また水洗トイレ、*温水《おんすい》暖房《だんぼう》、内線電話、プールなどを設置するのは、当時高度な技術が必要でした。

温水暖房　ボイラーで石炭を焚き、はなれた場所にある暖房機具に湯を流し、放熱することで暖房を行う設備。

ヴォーリズは、学校全体からいすひとつにいたるまで、すみずみに気を配りました。子どもたちに、安全で良いものをあたえようとした情熱がそうさせたのです。

（朝のやわらかい光が教室全体をつつみ、午後のきつい日差しはさえぎって、なお明るい光が入るようにしよう）

（風が通るように、窓の開く向きを考えよう）

（子どもたちの安全を考え、かべのすみや階段の手すり、柱など、すべての角《かど》にまるみをもたせてみよう）

ヴォーリズは、子どもたちの健康と安全を第一に考え、設計にとりくみました。

このヴォーリズとは、いったいどんな人なのでしょうか？

なぜアメリカからはるばる日本にやってきたのでしょうか？

❷ ヴォーリズってどんな人？

船出

「子どものころからのゆめ、建築士になるぞ」

ヴォーリズはコロラド*州の大学で建築を勉強していました。大学二年の時、キリスト教の海外伝道奉仕《ほうし》団の世界大会に、コロラド州代表としてたったひとり参加しました。

大会では、中国《ちゅうごく》に伝道していたハワード・テイラー*女史が講演《こうえん》しました。女史は身ぶりをまじえ、熱心に話しつづけます。

「一九世紀のおわり、中国《ちゅうごく》にイギリス・アメリカ・ロシア・フランス・オーストリア・ドイツ・イタリア・日本などがはいりこみ租借《そしゃく》地《ち》を得て勢力を広げていました。

わたしたちは教会を建て、神の教えを伝えていました。けれど外国

コロラド　アメリカ合衆国西部に位置する州。南北にロッキー山脈が通っている。州都はデンバー。

ハワード・テイラー　中国に「チャイナ・インランド・ミッション」を創始した宣教師ハドソン・テイラーの娘。

からどんどん品物がはいるようになると、中国《ちゅうごく》の産業がつぶされていったのです。苦しんだ中国《ちゅうごく》の人は、*外国人を国外に追放しようという運動を起こしました。

一九〇〇(明治《めいじ》三三)年、ついに教会や鉄道や船をこわし、中国人《ちゅうごくじん》の*キリスト教徒数百人と十数人の宣教師を殺してしまったのです。異国の宗教を追いやるために同じ中国人《ちゅうごくじん》まで殺してしまったのです」

テイラー女史は悲しそうにひと呼吸つきました。

「わたしの教会もこわされ、四日間、まっくらな建物のなかにとじこめられました。でも悪いのは中国人《ちゅうごくじん》ではないのです。この国の不幸が問題なのです。わたしは中国人《ちゅうごくじん》の幸せを祈《いの》りつづけました」

外国人を追いだそうとする中国《ちゅうごく》にでかけ、くじけずに伝道をがんばっているという女性の話が、ヴォーリズの心を激しくゆさぶりました。

それまでは建築士になり、働いたお金で伝道に行く人を助けようと思っていたのですが、すぐさまペンをにぎると、「海外伝道志願カー

外国人を国外に追放しようという運動　清朝末期、外国人によるキリスト教布教に反対する義和団という集団が外国人を排斥する運動を起こした。義和団は白蓮教という宗教を母胎としているが、革命的な思想に傾いたため何度も禁教令を受けた。

キリスト教徒数百人と十数人の宣教師を殺し　義和団事件のこと。一九〇〇年、山東省でキリスト教信者と土地争いに外国人宣教師が介入したことをきっかけに義和団は外国人宣教師だけでなく中国人信者も迫害した。当時、清朝が義和団に味方したため、一時戦争状態にまでなった。

ド」にこのように書きました

「宣教師がだれも行ったことのない、これからも行く予定のないところに行かせてください。わたしは、そこで宣教師としてではなくふつうの生活をしながら伝道していきたいのです」

ヴォーリズにはある考えがありました。

（宣教師になり、決められた地にでかけ、やがて故郷に帰る方法もある。けれど、こしかけのような気持ちではそこに住む人たちにうけいれられないのではないだろうか。わたしは、一生その地に住むという覚悟をもとう。そのためにも宣教師ではなく、働きながらキリスト教を広めるのだ）

大学卒業後、キリスト教にもとづいて若者や子どもたちが野外活動、スポーツ、英会話などのさまざまな活動をする*ＹＭＣＡ《ワイエムシーエィ》で働きながら、機会を待っていたヴォーリズに、*滋賀《しが》県立商業《しょうぎょう》学校の英語教師の仕事がみつかりました。

滋賀《しが》県立商業《しょうぎょう》学校は、一八八七（明治《めいじ》一九）年創立され、簿記《ぼき》や

ＹＭＣＡ　正式にはYoung Men's Christian Associationといい、キリスト教青年会のこと。一八四四年、ロンドンに誕生した。全世界に広まり、現在は世界百二十三か国と地域に組織された国際的青少年団体となった。

滋賀県立商業学校　現在の滋賀県立八幡商業高校の前身。創立当初は滋賀県商業学校と称し現大津市にあったが、一九〇一（明治三四）年に現近江八幡市に移転し、滋賀県立商業学校と改称した。

会計などの商業を教えていますが、ＹＭＣＡ《ワイエムシーエィ》に依頼《いらい》して外国人の英語教師をさがしていました。

「ジャパン？　シガケン？」

ヴォーリズにとっては、まったく知らない場所です。

「ショウギョウガッコウ？」

（何の学校？　けれど、たとえどんな学校であっても神が行くようみちびかれたのだ。この地に身をうずめよう）

そう決心し、両親、兄弟、友人、親戚《しんせき》に別れをつげ、サンフランシスコの港から、横浜《よこはま》をめざし、たったひとりで＊ＳＳ《エスエス》チャイナ号にのりこみました。

（ついに大海原にのりだしたぞ。神のみ心のままに進もう）

ヴォーリズが海を見たのは、この時、初めてでした。荒波が甲板をおそい、前後左右にゆれつづけました。

しかし、さいわい船よいはしません。

船のなかがめずらしく、あちこち見てまわるうちに、ヴォーリズ

ＳＳチャイナ号　一八八九～一九二五年に活躍した輸送用蒸気船。サンフランシスコから出航し、ハワイ、横浜に寄航し香港までの太平洋を横断して航行した。乗客収容力は五百人以上あった。

▶**ＳＳチャイナ号**（公益財団法人近江兄弟社提供）

は、食堂や甲板《かんぱん》などでおおぜいの乗船客と知り合いました。この船には中国《ちゅうごく》や日本に行く宣教師もたくさんのっていたので、東洋人や白人宣教師の講演《こうえん》を聞くこともでき、とても参考になりました。

ハワイのホノルルで一泊《いっぱく》した時は、遊覧馬車《ゆうらんばしゃ》にのって島のあちこちを見学しました。またワイキキの浜辺では日光浴をたのしみました。

うまれてはじめて、パパイヤも食べました。

（なんておいしいんだろ！）

すっかりパパイヤがすきになったヴォーリズは、船にたくさん持ちこんで食べました。

こうして、十九日間の航海《こうかい》は終わり、横浜《よこはま》につきました。

三日後の二月一日の夜十時、いよいよ東京《とうきょう》・新橋《しんばし》駅から出発です。日本で仕事をしているYMCA《ワイエムシーエィ》の人が、車掌《しゃしょう》に行き先をつげ、「近江《おうみ》八幡《はちまん》」でおろしてもらうように、たのんでくれました。

この汽車は夜行列車《やこうれっしゃ》*でした。約二十時間かけて終点神戸《こうべ》まで行きます。電灯もなく天井《てんじょう》に石油ランプがぶらさがっているだけでうす暗

汽車は夜行列車　東海道線は一八八九（明治二二）年新橋から神戸間が全線開通した。また夜行列車もこの年から運行がはじまった。

く、つめたいすきま風がはいってきます。座席には湯たんぽがおいてあり、二時間おきに駅でとりかえるのですが、それだけでは寒さをしのぐことができません。

汽車はノロノロ進んでいくように思えました。寒さにふるえながら、いくら待っても近江八幡《おうみはちまん》にはつきません。とうとう朝になってしまいました。ほかの乗客は駅で売っている弁当を買って食べています。

(日本語を話せないわたしは、どうすればいいのか?)

とほうにくれました。

(もうすこし待とう。昼までには近江八幡《おうみはちまん》につくはずだ)

けれど、何時間たっても駅員さんは知らせにきてくれません。昼すぎ、がまんできなくなって、停車した駅の弁当売りに五十銭銀貨《ごじゅっせんぎんか》を差し出し、弁当を買いました。

うすい箱のふたをあけると中身は食べたことがないものばかりでしたが、とてもきれいに並べられてありました。

(どうやって食べればいいのか?)

短い二本の木の棒《ぼう》しかついていません。

（ホワッツ　ディス？）

それは、「はし」だったのですが、ヴォーリズは、それさえ知りませんでした。

（何か持ってきていたはず。そうだ！）

かばんのなかにスプーンを入れていたのを思い出し、とりだしてすくって食べました。

まわりの人たちは、外国人がスプーンで食事をする姿をものめずらしそうにのぞきこみます。

お腹がふくれると、おちついて窓の外をながめることができました。山や川、町や村がつぎつぎ現れては消えていきます。緑豊かな自然に目をみはりました。

（なんて美しい国だろう。まるで絵のようだ。神のみ心のままに、この国で一生を終えても満足だ）

終わりのない旅のような気がしてきたころ、駅員がやってきてつぎの駅でおりるように言いました。ようやく「近江八幡《おうみはちまん》」についたのです。十七時間の鉄道の旅でした。

一九〇五（明治《めいじ》三七）年二月二日のことです。

「これが駅か?」

駅舎とは名ばかりで、その小ささにぼうぜんと立ちつくしました。琵琶湖《びわこ》からは、冬のこおりつくような風が体にふきつけます。

駅の改札《かいさつ》をでて、あたりを見まわすと、運送店と旅館、商店など建物は十軒《けん》ほどしかありません。

「ここが、わたしのホームなのか」

二十五歳《さい》になったばかりのヴォーリズは心細くなりました。想像していたより、ずっとさびしい町だったのです。

（いったい、これからどうなるのだろう?　わたしにはアメリカに帰る旅費もない。故郷のデンバーからここまで来るために、借金してきたのだから）

不安いっぱいのたよりない気持ちで、近江八幡《おうみはちまん》駅の改札の外に立っ

ていると、

「あなたは、ヴォーリズ先生ですか?」

中年の日本人男性が急ぎ足でこちらへやってきて、英語でたずねました。

「オー、イエス、イエス」

ヴォーリズは、すがりつくように男性の手をにぎりました。

「わたしは、県立商業《しょうぎょう》学校の英語教師雨田《あめだ》*です。学校を代表してお迎《むか》えにあがりました」

緊張《きんちょう》したようすでゆっくり話しながら、手をにぎりかえします。

(よかった。これでオウミハチマンでの第一歩がはじまるのだ)

すこし元気がでて北風にふかれながら一・五キロほど歩きました。

あたりは、家もまばらにしか建っていません。

ようやく学校につきましたが、玄関《げんかん》から建物にはいるのには靴《くつ》をぬがなければなりません。はじめての体験でした。アメリカでは、家のなかでも靴《くつ》をはいたままですごすからです。スリッパをはくのもはじめ

英語教師雨田　本名雨田忠左衛門。当時の商業高校は予科一年、本科四年よりなっていた。雨田忠左衛門は、本科の英語の主任をつとめた。

て。冷えきった足でひきずるように歩くのですが、すぐ足からすべりおちてしまいます。

「おっと、しまった。ぬげたぞ」

なんどもスリッパをはきなおし、ようやく校長室にたどりつきましたが、この日、校長先生はいませんでした。

教頭先生にあいさつだけして、雨田《あめだ》先生と学校をあとにしました。つぎに行ったのは、その日に泊《と》まる旅館でした。

「今まで英語を教えてくれていたワード先生は、明日、出発されます。それまで部屋がないのでこの旅館でお泊《と》まりください。この町で一番いい旅館です」

雨田《あめだ》先生に部屋を見せられたヴォーリズはまっさおになりました。

（オー、ノー。ベッドがない。暖房《だんぼう》もはいってない。まるで冷蔵庫みたいにつめたい。これではとてもねむれない）

寒さと湿気《しっけ》で冷えきった体がこおりつくようでした。

雨田《あめだ》先生がつぎに連れていってくれたのは、ワード先生の家です。

建ってから三百年ほどの古い民家《みんか》でした。その二間《ふたま》つづきの和室のふすまをとり、ベッドやいすをおいて使っていました。ワード先生はブリキ製のまきストーブをたいて部屋をあたためています。

寒さにふるえ、青い顔ではいってきたヴォーリズを見て、ワード先生は、やさしく声をかけてくれました。

「旅館になど行かないで、ソファでよければ今夜はここに泊《と》まりなさい」

「ありがとうございます」

(よかった。旅館のたたみの部屋ではとてもねむれなかっただろう)

冷えきった体が、ようやくあたたまってきました。

出発の準備をしていたワード先生は、つかれきった表情のヴォーリズをなぐさめるように言いました。

「少しの間、がまんすれば、もっと便利な場所にいけるよ。気をおとさないように」

「いいえ、わたしはこの地をはなれるつもりはありません」

大学を出たばかりの若者のことばにワード先生はおどろいたように、肩《かた》をすくめました。

ヴォーリズはワード先生が使っていた部屋をかり、先生の家具もわけてもらいました。

翌日、ワード先生に家具の代金をわたすため、給料から前借りをすることにしました。

「校長先生、前借りだけでなく、お願いがあります」

「なんでしょう?」

「バイブルクラスをつくってもいいですか?」

「そうですね。ワード先生も聖書の勉強会をされ、英語の勉強にも役だてていたようです。けっこうですよ。ただし活動は、学校の外でしてくださいよ」

こうしてヴォーリズの日本での新しい生活がはじまりました。

国はちがっても同じ人間

「カモーン、ボーイズ」

ヴォーリズは、商業《しょうぎょう》学校で英語を教えるかたわら、バイブルクラスをつくり、自分の下宿に生徒たちを集めました。

「*新約聖書《しんやくせいしょ》をテキストにして英語で読んでいきましょう」

ヴォーリズが英語で話すと、雨田《あめだ》先生が日本語に訳して生徒に伝えます。ヴォーリズは、このころからいつも和英辞典を調べ、日本語の勉強をはじめました。

人なつこく、明るい性格のヴォーリズは、生徒の人気を集めました。

「ヴォーリズ先生、アメリカの話を教えてください」

「オーケー、わたしの下宿に、いつでも遊びにいらっしゃい」

すると、ほとんど毎晩のように、多くの生徒がおしよせました。みんなで話したり、アメリカのゲームをして遊んだり、歌をうたったり

新約聖書　紀元一世紀～二世紀にイエスの行ったことや使徒といわれる弟子たちの言行録や書簡を書き記したキリスト教の経典。マタイ伝、マルコ伝、ルカ伝、ヨハネ伝などがある。

して過ごします。そしてさいごには、せんべいとお茶をだしておしゃべりします。ヴォーリズは、日牟禮八幡宮《*ひむれはちまんぐう》の境内で生徒たちとテニスを楽しんだので、運動が得意な生徒もヴォーリズの下宿にやってきました。

「国がちがっても、同じ人間同士」

ヴォーリズにとって、生徒たちは年齢《ねんれい》も近く、先生と生徒というより友だち同士のようでした。

生徒たちも、若いヴォーリズに、兄のような親しみやすさを感じていました。

日本での生活は、順調なすべり出しです。

とはいっても、考え方や習慣の違《ちが》う日本での生活はとまどうことも多かったのです。

ヴォーリズは、落ちこんだ時は、いつも神の教えを思い出しました。

「明日のことは心配するな。明日のことは明日自身が考えるであろう。一日の苦労は、その日一日だけで十分なのだ」（*マタイ伝六・

日牟禮八幡宮　近江八幡市宮内町にある。誉田別尊、息長足姫尊、比売神の日牟禮三神を祭神としている。左義長祭と八幡祭という火祭りで知られる。

マタイ伝　イエス・キリストの十二使徒のひとりマタイの作とされている福音書。新約聖書におさめられ、二十八章から成っている。上記の言葉は、イエスが弟子たちを前に山上で語った一節。

三四　新約聖書）

くよくよするのをやめ、心の平安をとりもどすことができました。

日本に来てから一年がたちました。

ヴォーリズは、キリスト教の精神にもとづいて若者たちがさまざまな活動をするための建物がほしいと考え、滋賀《しが》県に建築の許可をもとめていました。

その許可がおりたばかりのころです。

「さいきん、どうも、体がだるいなあ」

いそがしいヴォーリズは、体調をくずしてしまいました。病院でみてもらうと、神経を痛め、腸のぐあいが悪いことがわかりました。

「アメリカにもどって休養した方がいいですよ」

医者にすすめられました。

「そ、そんな。せっかく、キリスト教青年会館の建築が許可されたのに」

ヴォーリズは、アメリカに帰るつもりなど、ありません。

▶バイブルクラスの生徒たちとヴォーリズ（三列目左から四人目）（公益財団法人近江兄弟社提供）

(初めて自分で設計した会館だ。若者たちといっしょに、聖書を学んだり、文化や福祉《ふくし》活動をする〝広場〟なんだ。このままで国に帰れるはずはない)

病気は*腸結核《ちょうけっかく》でした。当時の日本の医療《いりょう》では、きく薬がありません。

「ほおっておいては命があぶない。アメリカで治療《ちりょう》をうけなさい」

とうとう、医師のきびしい診断《しんだん》がくだされたのです。

しかたなく、五月にアメリカへ発つことになりました。

「かならず日本にもどるぞ。ここには、わたしを待っていてくれる多くの若者たちがいるのだから」

ヴォーリズは、かたく決意していました。けれど、周囲の人は、なれない生活で病気になってしまったのだから、もう日本に帰ってくることはないだろうと考えて、片道しか切符《きっぷ》を買いませんでした。

「わたしは、どんなことがあっても、もどってきますので、切符《きっぷ》をはらいもどししてもらいます」

そういってヴォーリズは、往復切符《きっぷ》を買いました。

腸結核　結核菌が腸に進入し、炎症を起こして潰瘍となっている病。症状としては、腹痛、発熱、下痢、体重減少が見られるが、はっきりした症状がない場合もある。

故郷への思いより、早く日本にもどりたいという気持ちの方が強かったのです。

アメリカにもどりデンバーの病院に通うと、日ましに元気になってきました。ヴォーリズは、あちこちの集まりによばれ、「一個人で見た日本の実状」という題で講演《こうえん》をおこないました。講演《こうえん》では入場料収入の一部や寄付金をうけとりました。キリスト教青年会館を建てる資金にあてるためです。

一九〇六（明治《めいじ》三八）年八月、日本にもどる途中《とちゅう》、サンフランシスコに立ち寄りました。その年の四月一八日午前五時一三分、カリフォルニア州*サンフランシスコで大地震《おおじしん》が起こっていました。この地震《じしん》はマグニチュード八以上もあり、地震《じしん》の直後に起こった火災は三日間も燃えつづけたのです。この震災《しんさい》で約三千人が亡くなり、二十二万五千人が家を失うという大きな被害《ひがい》をもたらしていました。

「地震《じしん》はおそろしい…」

ヴォーリズは、大地震《おおじしん》で建物がどのようにこわれたのかを見てまわ

サンフランシスコ大地震　一九〇六年四月一八日早朝に起こったマグニチュード七・八以上の巨大地震。地盤が四百八十キロメートル以上にわたってずれた。死者約三千人、被害額は約五億ドル（現在の貨幣価値に換算して八千億円相当）にも上った。当時は耐震強度を備えていなかった建造物の多くが倒壊し、被害が拡大した。

りました。これが後に、建築設計の仕事にたいへん役だったのです。

九月、近江八幡《おうみはちまん》にもどったヴォーリズは、さっそくキリスト教青年会館の建築にとりかかりました。

翌年二月、「八幡《はちまん》キリスト教青年会館」が完成しました。木造二階建て、*モルタル塗《ぬ》りの、簡素《かんそ》ではあってもりっぱな建物でした。

「はじめての自分の作品だ！　これでこの地でも本格的な伝道と、Y《ワイ》MCA《エムシーエィ》活動ができる」

大きな喜びにひたっていたヴォーリズでしたが、周囲の人たちは口ぐちにささやき合いました。

「こんどきた英語の先生、ここに住みつくらしいで」

「そや。キリスト教の建物まで建てて、いったいどうするつもりや？」

「わからへん。なに考えてるんやろ？」

一九〇七（明治《めいじ》四〇）年、滋賀《しが》県庁から手紙がとどきました。

文面を読んだヴォーリズは、手紙をもつ手がいかりでぶるぶるふるえました。「学校をやめてほしい」と書いてあったからです。

モルタル塗り　セメント、砂を水で練り混ぜて建物の外壁を仕上げたもの。見た目がきれいで、建築費用も安く済んだ。

▶八幡キリスト教青年会館（公益財団法人近江兄弟社提供）

バイブルクラスは前のワード先生も、その前の先生も開いていました。ところが前年の四月に赴任《ふにん》した校長は、熱心な仏教徒で、バイブルクラスのことをよく思っていませんでした。

県の教育委員会の人は、すまなそうに顔をくもらせます。

「学生がキリスト教に走るのではと、親が心配しているのです」

ヴォーリズは、必死にくいさがりました。

「子どもたちも、よろこんで英語を勉強しています。教師の仕事をつづけさせてください」

すると教育委員はこのようにいいました。

「いままでの教師は、短期間でした。ところがあなたは、この先もずっと住みつづけるつもりで、会館まで建ててしまった。この地域では、キリスト教を信じる学生が続出しているというではないですか」

「それは本人たちの意志にまかせた結果です」

「とにかく校長は、あなたにやめてもらいたいと言っています。理由はキリスト教が広まることに反感を持つ人とこれ以上もめるのはこまる、ということです。それとも、布教をやめますか？」

「とんでもない。わたしは、キリスト教を知ってもらうため日本に来たのです。やめられません」

「残念です。あなたや、あなたの授業には何の問題もないことは、校長も認めているのですが」

　こうして、ヴォーリズは、滋賀《しが》県立商業《しょうぎょう》学校をやめなければなりませんでした。

　ショックをうけました。

（たった二年間の教員生活とは……。しかし、故郷に帰るつもりはない。では、これからどうやって食べていけばいいのか？）

　けれど、ヴォーリズは、近江八幡《おうみはちまん》を離《はな》れませんでした。

「ここは、神があたえてくださった場所です。わたしはここにとどまって伝道をつづけます」

　失業してからの生活はきびしいものでした。生徒を集めて英語のレッスンをしたり、日本人が書く英語の論文をなおしたりして生活をしました。けれど、そうしたなかでも、時間をつくって建築設計の勉強をつづけました。

「明日のことは心配するな」

という、神の教えでのりきっていこうとしていたのです。

当時、ヴォーリズは近江八幡《おうみはちまん》についてこのように述べています。

「近江八幡《おうみはちまん》はいいところです。景色は美しいし、人の心はやさしい。風景も人間も世界で一番のところです。だから世界の中心なのですよ」

そして、◯の中心に点をうち、それを自分のサインとしました。

外見より中身が大切

「はい、喜んでおひきうけします」

失業していたヴォーリズにうれしい仕事がまいこんできました。

一九〇八（明治《めいじ》四一）年、京都《きょうと》ＹＭＣＡ《ワイエムシーエィ》会館の工事の監督《かんとく》をたのまれたのです。

▶ヴォーリズのサイン（公益財団法人近江兄弟社提供）

もともと建築士をめざし、勉強していたヴォーリズは、この時、のちに「ヴォーリズ建築事務所」となる会社をつくりました。

熱心に伝道をつづけているうちに、しだいに八幡《はちまん》キリスト教青年会館に人が集まりだし、「*近江《おうみ》基督教《きりすときょう》伝道団《でんどうだん》」が結成されました。

ヴォーリズの活動を応援《おうえん》してくれているアメリカ人の会社経営者、*A《エイ》・A《エイ》・ハイド氏の協力で、一九二〇（大正九《たいしょう》）年には、「*近江《おうみ》セールズ」を設立し、ぬり薬の製造・販売《はんばい》をはじめました。また、結核《けっかく》療養《りょうよう》施設である、「*近江《おうみ》療養院《りょうよういん》」を建て医療《いりょう》活動もおこないました。

つぎつぎに各地の教会やYMCA《ワイエムシーエィ》の建築設計の注文がまいこみました。

（建物の品格は、人間の人格のように、外見よりも内容が大切なのだ）

そう固く信じているヴォーリズの設計は、気品があり、細かいところの気配りがされていて住みやすいと、評判が評判をよびました。

一九二三（大正《たいしょう》一二）年九月一日、昼のことです。関東《かんとう》地方を大地《おおじ》震《しん》がおそいました。死者約十万五千人。建物の全壊《ぜんかい》約十万九千軒《けん》、全

近江基督教伝道団　一九一一（明治四四）年キリスト教を布教する目的でヴォーリズにより結成された。近江ミッションともよぶ。一九一四年には、メンソレータム創業者ハイド氏の寄付を受け、「ガリラヤ丸」を琵琶湖に進水させ、船による伝道活動をしていた。

A・A・ハイド　メンソレータムの発明者。

近江セールズ　一九二〇（大正九）年、ヴォーリズは建築資材を輸入するために、輸入販売会社「近江セールズ株式会社」を設立した。これが「株式会社近江兄弟社」の前身となった。

近江療養院　一九一八（大正七）年、日本初の私立結核療養所としてヴォーリズにより開院された。現在は、ヴォーリズ記念病院となっている。

焼約二十一万二千軒《けん》の被害《ひがい》をもたらした大災害で、後に「*関東大震《かんとうだいしん》災《さい》」とよばれました。

「たいへんだ！」

ラジオでニュースを聞いたヴォーリズは、すぐさま自分が建てた建築物がどうなったのか調べました。被害《ひがい》が大きかった横浜《よこはま》市のＹＭＣ《ワイエムシー》Ａ《エィ》会館は、鉄筋コンクリート造りの建築でした。内部は火災で焼けたものの、外部は修繕《しゅうぜん》すれば元にもどるほど小さな被害《ひがい》ですみました。

（なんというおそろしい地震《じしん》だったんだ。しかし、多くのことがわかった。地震《じしん》にしっかり備えていない建物は、すべてこわれた）

ヴォーリズは、どうすれば地震《じしん》に強い建物になるのか研究をはじめました。

（さいわい、わたしの建築は、ひとつもこわれなかった。やはり、地《じ》震《しん》に強いのは、鉄筋コンクリートだ。柱の数や太さ、天井をささえる梁《はり》の太さや大きさや数を考え、コンクリートの材料や打ち方にも注意をはらえば、地震が起きてもこわれない建物になるはずだ）

関東大震災　一九二三（大正一二）年九月一日、相模湾西部を震源として発生したマグニチュード七・九の大地震による地震災害。関東地方とりわけ首都東京では四割強の建物が倒壊したり焼失した。死者・行方不明者は東京だけで七万人以上、家屋被害は全半壊・焼失合わせて二十万棟以上にのぼった。

その後、ヴォーリズは、兵庫県《ひょうご》の＊関西学院《かんせいがくいん》や＊神戸女学院《こうべじょがくいん》、東京神《とうきょうかん》田《だ》にある＊山《やま》の上《うえ》ホテルなどの大きな建物をつぎつぎつくっていき、当代一の建築家といわれるようになりました。これらの学校やホテルは今日まで、昔のままの姿で使われています。

ようやく、建築家としての生活もレールにのって走りだしてきました。

一九三五（昭和《しょうわ》一〇）年、ヴォーリズは、豊郷尋常《とよさとじんじょう》小学校の設計を依頼《いらい》されました。

学校はホームです

「ヴォーリズさんがきたー」

「ヴォーリズってだれや？」

「新しい学校つくってくれるんや」

滋賀《しが》県の豊郷《とよさと》村では、アメリカ人の建築家がやってきて小学校を建

関西学院　一八八九（明治二二）年に宣教師ウォルター・R・ランバスにより、キリスト教（プロテスタント）主義に基づいた青少年教育をめざして創立された。

神戸女学院　学校の起源は、一八七五年に開校された、女子寄宿学校「女学校」（通称「神戸ホーム」）。その後、英和女学校、神戸女学院と改称された。一九三三（昭和八）年に西宮に移転した時、ヴォーリスによってスパニッシュ様式の校舎が完成した。

山の上ホテル　ホテルは一九五三（昭和二八）年に創業されたが、建物は、一九三七（昭和一二）年に建てられたもので、ヴォーリズの設計。当初は㈶日本生活協会が所有し、戦争中は海軍が接収、戦後はアメリカ軍に接収されていた。アメリカ軍から返還された後、ホテルとして生まれかわった。

てくれることになり、子どもたちは、おおさわぎです。

建築家の名前は、ウィリアム・メレル・ヴォーリズ。

琵琶湖《びわこ》からふきつける風が、ざわざわ竹やぶをゆらします。村のまんなかあたりにある古い家の前に、子どもたちが集まってきました。

屋根には、「ヴォーリズ建築事務所」と書かれた新しい看板がかかっています。

なかをのぞきこんでも、だれもいません。窓もしまっています。

「いったいどんな人なんやろう?」

「ことば、通じるんやろうか?」

「ひとりでくるのかな?」

「どんなかっこしてるんやろ?」

「ひと目でいいから見てみたい」

子どもたちは、興味津々《きょうみしんしん》です。学校が終わると、毎日事務所によりました。

一週間たったある日、行ってみると窓がすこし開いていました。

▶新校舎建築前の建設用地

背のびしてなかを見ると、うすい金色の髪《かみ》で鼻が高く色が白い男の人の横顔が見えました。

「わっ！　ヴォーリズ？」

その声が聞こえたのか外国人はふりかえり、いすから立ちあがりました。

「おい、こっちくるで」

「どないしょ」

子どもたちはおたがいに顔を見合わせています。

玄関からでてきたのは、茶色の背広を着て、ふっくらした顔の人です。青い眼がおだやかにわらっています。

「豊郷尋常《とよさとじんじょう》小学校のみなさん？　こんにちは、わたしはヴォーリズです。会いにきてくれたのですね」

日本語で、はっきり話しました。

アメリカ人を見たのは、はじめてなので、声もでません。外国人は背が高いと聞いていたのですが、ヴォーリズは日本人とそんなに身長はかわりません。

「うん、あっ、ハイ。こんにちは」

ひとりが、あわててぴょこんとおじぎをすると、つづけてみんな頭をさげていきます。そのたびにヴォーリズもおじぎをします。少し落ち着くと子どもたちは、つぎつぎ質問をはじめました。

「本当に学校をつくってくれるのですか?」

「どんな学校ができるの? 教えてください」

「いつできるの?」

「どこに? どんな形?」

たずねる子どもたちにヴォーリズは、にっこりしました。

「オーケー」

子どもたちを見まわしました。

「わたしは、小学校をつくります。学校はホームです。あたたかくて落ち着ける場所にしなくてはなりません。みなさんが、のびのび勉強したり、運動したりして、仲間と未来の夢や希望を語り合える場所にします」

「はあ？　ホームって何や？」

子どもたちは首をかしげます。言っていることがよくわからなかったのです。でも、自分たちに、すばらしい学校をつくってくれようとしている気持ちはしっかり伝わりました。

トラックがセメント袋《ぶくろ》をいっぱい乗せて中山道《なかせんどう》*を走っていきます。その後ろを砂利《じゃり》を積んだトラックがつづきます。一九三六（昭和《しょうわ》一一）年三月九日、いよいよ建設がはじまりました。

「わーい。学校ができるぞ」

子どもたちは、トラックを追いかけます。

広い敷地《しきち》の四隅《よすみ》には、「建築用地」と書かれた二メートルの高さの石柱が建っています。

「がっこうのけんちくようち

がっこうのけんちくようち」

中山道　江戸時代の五街道のひとつで、江戸日本橋から京都に至る。豊郷小学校用地は、旧中山道の高宮宿と愛知川宿の間にあり、道はその正門前を南北に走っている。

歌うようにふしをつけながら、走りまわります。

きのうまで何もなかった敷地《しきち》にセメント、バラス、砂利、木材、H《エイチ》字型の鉄柱など、資材がどんどんつみあげられていきます。

鉄治郎《てつじろう》は、以前、丸紅《まるべに》の社屋を建築してもらった大阪の竹中工務店《*たけなか》に工事をたのみました。

ヴォーリズは、先頭に立って指揮《しき》にあたっています。

「セメントにまぜる砂は、塩をふくんでいない川のものを使いましょ

竹中工務店　創業は一六一一（慶長一五）年とされ、合名会社竹中工務店は一九〇九（明治四二）年、神戸を本店に創立された。建築・土木工事の設計管理など様々な事業をおこなっていた。高島屋京都店（一九一六年）、朝日新聞大阪本社（一九一二年）などの建築を手がけている。株式会社となったのは一九三七（昭和一二）年。

う。ここでは、地元の愛知川《えちがわ》＊のものがいいでしょう」

塩分がある砂をまぜると鉄筋がさびてふくれ、コンクリートにひびわれができるからです。材料にもこまかく注意をはらいました。

村人たちも、手弁当で工事を手伝います。なにせ、横はば百十メートルもある校舎とは別に、独立した講堂、図書館、プール、体育館、食堂などが建つのです。建物の基礎《きそ》は六千六百平方メートルにもなりました。

基礎《きそ》には鉄柱をうちこみ、木の板を一枚一枚入れてわくをつくり、なかをコンクリートで固めていきます。基礎《きそ》と建物をつなぐ鉄筋を、鉄筋工がていねいに組んでいきます。組まれた鉄筋に、木わくという木のかこいをつくっていきます。

校舎は、二階建てですが、玄関のある中央部分だけは、三階建てです。丸太で高い足場を組みたて、やぐらを組みました。滑車《かっしゃ》でコンクリートを上げ、足場の上から木わくのなかに流しこんでいきます。

図面を持った技師がいろいろ指示をだし、建築現場は活気にあふれ

愛知川　鈴鹿山脈御池岳を水源として琵琶湖にそそぐ一級河川。豊郷小学校から約五キロメートル南を東西に流れている。

ています。

「関東大震災《かんとうだいしんさい》のようなおそろしい地震《じしん》が起こっても、こわれないよう、強い学校を建てなくてはなりません。しっかりした基礎《きそ》や厚い外壁《がいへき》、柱や梁《はり》の数も工夫しました」

ヴォーリズは技師に説明しました。

校舎の天井や壁《かべ》の仕上げはしっくいです。腕《うで》ききの左官職人がこてでていねいに塗《ぬ》っていきます。

こうして小学校は、子どもたちが見守るなか、一年二か月かけて完成しました。

一九三七(昭和《しょうわ》一二)年、五月三〇日。

朝からポンポンと花火があがり、村中、わき立つような喜びにあふれています。こいのぼりがはためき、とても天気のよい朝でした。待ちつづけた新しい校舎の落成式です。

いよいよあの校舎に足を踏《ふ》み入れることができるのかと思うと、子

▶新校舎建築開始から半年後の様子

どもたちの胸はどきどきしっぱなしでした。

子どもだけでなく、村の大人たちも、この日がくるのをどんなに待ちのぞんでいたことでしょう。

午前九時、約六百名の来賓《らいひん》が集まりはじめました。

「ほー、りっぱやな」

はじめて学校を見る人たちは、目をみはりました。

まず目にはいるのは、どっしり建っている校舎です。まるで、真っ白な鳥が大きな羽をひろげたように見えるのです。

校門を入ってすぐは、蓮《はす》や水草が浮《う》かぶ池です。次に果樹園、水田、畑のある実習農園とつづきます。

農業を子どもたちに学んでほしいという願いから設計されたのです。農園の向こうのイチョウ並木のほうから、おどろきの声があがりました。

「ほー、噴水《ふんすい》まである」

芝生の庭に、噴水《ふんすい》池があります。

▶完成直後の豊郷尋常高等小学校新校舎

池のまんなかには、青銅製の大きなコイが口から水を出しています。

「まるで外国にきたみたいやな」

受付をすませ、なかに入ったら入ったで、またもや感嘆《かんたん》の声があがります。

「なんと！　廊下《ろうか》と教室に段差がない」

「この階段のなだらかなこと。まるで廊下《ろうか》のつづきみたいや」

「大きな窓や。風がよく通る」

「あの天井《てんじょう》やかべの仕上げを見てみ。職人わざが生きてるな」

「この校舎には、角《かど》というものがない。すべてまるくカーブしている」

はばが二・八メートルもある広い木の廊下《ろうか》が、窓からの光に照らされ、まるで長い鏡のようにぴかぴか光っています。

一階には教室、校長室、教員室、事務室などがありました。一階から二階へは、両はしと真ん中に階段が三つありました。どの階段にも、「ウサギとカメ」の像がのっています。階段の一段目にあたる手すりにウサギとカメがならび、数段のぼったところに別のカメ、さらに先にもう一ぴきのカメが歩いていて、物語を語っているようです。

二階には、九つの教室と、理科、地理、歴史の特別教室があり、それぞれ落成式を記念して、児童の作品や大地球儀《ぎ》などのさまざまな展示があります。

中央三階は音楽室で、舞台《ぶたい》もあります。

校舎の右手の講堂《こうどう》には、温水暖房《だんぼう》がはいっています。廊下《ろうか》にも、波型の暖房施設《だんぼうしせつ》が置いてあり、講堂《こうどう》の地下にあるボイラーに石炭をくべてあたためます。

校舎の左手には地域の人も利用できる、図書館があります。

「ほう、わしも、こんなところで本を読んでみたいものや」

「ほんまやな。ははは…」

おおぜいの笑い声がひびきました。

校舎から図書館や講堂《こうどう》に行くのは、雨にぬれたり外の寒さにあたらないよう、まるで家のなかのような壁《かべ》に囲まれた渡《わた》り廊下《ろうか》がつけられています。「学校はホームです」といったヴォーリズのことばどおり

▶階段手すりのウサギとカメ

でした。

また、すでに小学校を卒業した人に農業や裁縫《さいほう》を教える青年学校もありました。小学生から若者まで教育が受けられるよう考えられています。

校舎の見学が終わると、いよいよ学校ができたお祝い会のはじまりです。講堂にはいると、子どもたちは目をみはりました。

一階には、まるで教会のような六百の固定されたいす席があり、二階席もあります。高い窓からさしこむ太陽の光にてらされ、赤いビロードの幕のある舞台《ぶたい》は、おとぎ話に出てくるお城の部屋のようでした。正面には、美しい花が大きな花びんにいけてありました。

いよいよ鉄治郎《てつじろう》の手から、工事をうけもった人たちに感謝状がおくられます。感謝状をうけとったヴォーリズが、おだやかな顔でほほえんでいます。

つぎに鉄治郎《てつじろう》が、将来国をささえる子どもたちの教育が大切だという話をしました。

▶講堂入り口で来賓者を迎える鉄治郎(左)

（あの人が寄付してくれたんや）

子どもたちは、その時、はじめて鉄治郎《てつじろう》を見たのです。背中をぴんとのばし、すらりと背が高いその姿は、喜びにあふれていました。

つぎつぎ、来賓《らいひん》の方たちの祝辞がつづきます。

子どもたちが一番おどろいたのは、いつもは朗々《ろうろう》とあいさつされる山中《やまなか》校長先生が、

「ありがとうございました。日本一の子どもに育てます」

とだけいって、ただ涙《なみだ》を流されるばかりだったことです。

さいごに、生徒たちによる祝歌がひろうされました。

この日のために練習をつづけた子どもたちの喜びの歌声がひびきます。

▶新講堂での落成記念式の様子

❸ 栄光と試練の日々

無敵豊郷《むてきとよさと》

当時としては、最先端《さいせんたん》の設備を整えた豊郷尋常《とよさとじんじょう》小学校では、竣工《しゅんこう》式《しき》の翌日から子どもたちは、めぐまれた環境《かんきょう》を利用しはじめました。

たとえば、運動場です。

「どこまであるんや。広いな。」

感心する声に、

「広いだけちがう。どんな運動でもできるんや」

と返事がかえってきました。

百メートルの直線コース、二百メートルトラック、テニスコート、バスケットコート、バレーコート、すもう場、それにプールもあります。

机の前にすわって勉強するだけでなく、運動を通して健康になってほし

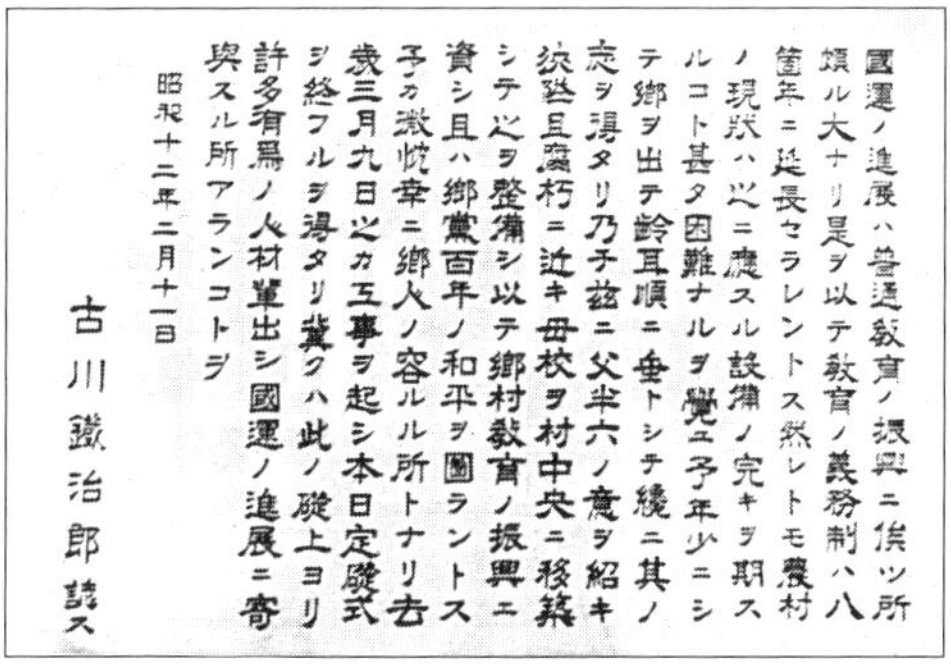

國運ノ進展ハ普通教育ノ振興ニ俟ツ所
頗ル大ナリ是ヲ以テ教育ノ義務制ハ八
箇年ニ延長セラレントス然レトモ農村
ノ現狀ハ之ニ應スル設備ノ完キヲ期ス
ルコト甚タ困難ナルヲ覺ユ予年少ニシ
テ郷ヲ出テ齢耳順ニ垂トシテ纔ニ其ノ
志ヲ得タリ乃チ茲ニ父半六ノ意ヲ紹キ
欣然且腐朽ニ近キ母校ヲ村中央ニ移築
シテ之ヲ整備シ以テ郷村教育ノ振興ニ
資シ且ハ郷黨百年ノ和平ヲ圖ラントス
予カ歡悦幸ニ郷人ノ容ルル所トナリ去
歳三月九日之カ工事ヲ起シ本日定礎式
ヲ終フルヲ得タリ冀クハ此ノ礎上ヨリ
許多有爲ノ人材輩出シ國運ノ進展ニ寄
與スル所アランコトヲ
昭和十二年二月十一日
古川鐵治郎誌ス

▶鉄治郎が残した新校舎の定礎銘

いという鉄治郎《てつじろう》とヴォーリズの願いがこめられています。

「よーい、ドン」

陸上競技の練習がはじまりました。

「この運動場にはコークスがうめてあるから、雨がふってもすぐ乾《かわ》くよ」

「コークスってなに?」

「石炭を蒸し焼きにしてつくったものやて。排水《はいすい》してくれるから、水たまりにならへんねん」

「へー。そこまで考えてつくってあるんか。雨のあとでもすぐ使えるんや」

子どもたちは、「無敵《むてき》、豊郷《とよさと》」といわれるほど、陸上競技などで優《ゆう》秀《しゅう》な成績をおさめました。

音楽室にある舞台《ぶたい》やピアノは、音楽の研究授業でもおおいに役に立ち、何度もコンクールでの入賞をはたしました。

校長先生や教師たちは、

▶陸上黄金時代のころの優勝記念撮影

「すばらしい小学校で学んでいるのだから、誇《ほこ》りをもって大きくなれ」

と、子どもたちを育てました。子どもたちも、学校を愛し、大切に使いました。

しかし、校舎ができて二か月後の一九三七（昭和《しょうわ》一二）年七月、*日本は中国と戦争をはじめました。

戦争のあらし

一九四〇（昭和《しょうわ》一五）年一月の寒い朝のことです。

「鉄治郎《てつじろう》さんが亡くなった」

とつぜんの知らせが、豊郷《とよさと》にとびこんできたのです。

「まさか！」

だれもが、信じられませんでした。風邪《かぜ》をこじらせ肺炎《はいえん》にかかった鉄治郎《てつじろう》は、六十一歳《さい》の生涯《しょうがい》を閉じました。学校を建ててからわずか

日本は中国と戦争　一九三七（昭和一二）年七月七日に起こった盧溝橋付近での日本軍と中国軍との銃撃戦をきっかけにして、日中戦争がはじまったといわれる。その後日本は、アメリカ合衆国、イギリス、オランダに宣戦を布告し、戦線を拡大した。この太平洋戦争は、一九四五（昭和二〇）年八月の日本の無条件降伏により終戦となった。

二年しかたっていません。

竣工式《しゅんこうしき》の日、校舎のテラスであんなにうれしそうにばんざいをしていた鉄治郎《てつじろう》。十一歳《さい》から死ぬまで働きつづけ、学校を寄付した鉄治郎《てつじろう》。

「なんでこんなに早く…」

「もっと長生きしてほしかった」

「学校のゆくすえも気になったやろうに…」

村人たちのむねに、元気だった鉄治郎《てつじろう》のすがたが浮《う》かび、村全体が深い悲しみにしずみました。

鉄治郎《てつじろう》が亡くなった翌年、豊郷尋常《とよさとじんじょう》小学校は、「豊郷《とよさと》国民学校」と名前がかわりました。子どもたちは、少国民*とよばれ、国のために忠誠をちかう教育がおしすすめられました。

中国との戦争は長びき、男の人がつぎつぎ軍に召集《しょうしゅう》されたため、農業をする男手がへり、食料も足りなくなりました。

一九四一（昭和《しょうわ》一六）年一二月八日、日本はついにアメリカ・イギリス*を相手に戦争をはじめました。ころがるように戦線を拡大《かくだい》して

少国民　戦時中、小学生に使われたよび名。子どもであっても、基礎的な軍事訓練を受け、戦争や軍隊に親近感を抱かせるよう教育された。

アメリカ・イギリスを相手に戦争　一九四一（昭和一六）年一二月八日、日本軍によるハワイ真珠湾攻撃、マレー半島上陸作戦から、太平洋戦争がはじまった。当初、マレー沖海戦でも勝利するなど戦局は日本有利であったが、翌年六月ミッドウェー海戦で敗北したことにより、開戦後わずか半年で戦局は一転した。一九四二（昭和一七）年には、はじめてアメリカ海軍機に本土を空襲された。一九四三（昭和一八）年になると連合国は圧倒的に有利な戦いを展開していき、日本本土の制空権をうばい、無差別空襲をおこなった。ついに一九四五（昭和二〇）年八月、日本はポツダム宣言を受諾し、連合国に無条件降伏した。

いったのです。

国土もせまく、資源もとぼしい日本は、アメリカ軍の強い反撃《はんげき》にあいました。

戦争に使う航空機《こうくうき》や鉄砲《てっぽう》や戦車、戦艦《せんかん》などをつくるための金属が足りなくなり、政府は、*金属類回収令を出し、国内の金属を集めはじめました。豊郷《とよさと》国民学校の暖房《だんぼう》設備、門扉《もんぴ》、鉄柵《てっさく》などの金属が国に供出されました。そして、とうとう古川鉄治郎《ふるかわてつじろう》の青銅の胸像も溶《と》かされる運命となったのです。

そのころ、ヴォーリズも戦争のあらしにまきこまれていました。

ヴォーリズは一九一九(大正《たいしょう》八)年、三十七歳《さい》の時、日本人の*一《ひとつ》柳《やなぎ》満喜子《まきこ》という女性と結婚《けっこん》しました。キリスト教徒の満喜子《まきこ》は、二十代のときアメリカに留学し、英語を話すことができました。

二人は愛しあい、いっしょに人生を歩むことにしました。満喜子《まきこ》は一九二二(大正《たいしょう》一一)年、*清友園《せいゆうえん》という幼稚園《ようちえん》を開き、教育活動をはじめました。

金属類回収令　一九四一(昭和一六)年九月、国家総動員法にもとづき金属類回収令が施行され、武器生産に必要な金属類の供出が求められた。

一柳満喜子(一八八四〜一九六九)　播磨小野藩主であった一柳末徳子爵の三女。神戸女学院音楽部卒。米国ブリンマー女子大学に留学した。一九一九(大正八)年、ヴォーリズと結婚し、近江八幡に住む。幼児教育にたずさわった。

清友園　後に学校法人近江兄弟社学園に発展した。教育目標は、「神への信仰による自己統制力のある人間の育成」であった。

一九四一（昭和《しょうわ》一六）年、ヴォーリズは、妻の真喜子《まきこ》にうちあけました。

「わたしは、死ぬまで日本を離《はな》れない決心ですから、日本の国籍《こくせき》をとり、すっかり日本人になるつもりです」

「まあ、うれしい。よくご決心されましたね。ではわたしの結婚《けっこん》前の姓《せい》から、一柳《ひとつやなぎ》と名乗られたらどうでしょう？」

「そのつもりです。わたしのミドルネーム、メレルを漢字に置きかえて一柳米来留（ひとつやなぎめれる）とするつもりです。米来留《めれる》とは、アメリカ（米国《べいこく》）からやって来て日本に留まると読めませんか」

「読めますよ。読めますとも」

満喜子《まきこ》は、声をあげました。

「米来留《めれる》。…めれる」

思わずほほえみました。

その年の一二月、日本がアメリカ・イギリスと戦争をはじめると、アメリカ出身のヴォーリズは、近江八幡《おうみはちまん》にいられなくなりました。

▶ヴォーリズ夫妻（公益財団法人近江兄弟社提供）

「しかたがない。軽井沢《かるいざわ》に行きましょう」

当時、日本に住む外国人は、敵国《てきこく》に情報を流してはいけないという理由で長野《ながの》県の軽井沢《かるいざわ》に集められていたからです。軽井沢《かるいざわ》は、明治《めいじ》時代から、宣教師たちの夏の避暑地《ひしょち》になっている高原です。ヴォーリズにとっては、近江八幡《おうみはちまん》に次いで、親しみのある土地でしたが、もう建築設計の仕事もできません。高原の冬のきびしい寒さにこごえ、食べるものさえとぼしい日々を送らなければなりませんでした。

太平洋《たいへいよう》戦争の開戦から、三年がたちました。

豊郷《とよさと》村でも、多くの若者が戦死しました。毎年お盆《ぼん》には豊郷《とよさと》国民学校の講堂《こうどう》で慰霊祭《いれいさい》がおこなわれましたが、戦死者の数はどんどんふえていきました。

食料不足から学校では農園だけではなく、とうとう運動場やテニスコート、前庭にもサツマイモ、大豆、カボチャを植えなければなりませんでした。米や麦もつくれなくなると、サツマイモやトウモロコシ、大豆かすなどを米にまぜ、雑炊《ぞうすい》にして食べました。ヒマワリの種や大豆も炒《い》ると、貴重な食料でした。

　このころ、本土がアメリカに爆撃《ばくげき》されはじめ、琵琶湖《びわこ》上空をアメリカ軍の＊B《ビー》―29爆撃機《ばくげきき》が飛ぶようになりました。東京《とうきょう》や大阪《おおさか》、名古屋《なごや》などの大都市は、空襲《くうしゅう》で大きな被害《ひがい》をうけました。

　爆音《ばくおん》をひびかせ、B《ビー》―29が琵琶湖《びわこ》上空を通ると、空襲《くうしゅう》をしらせるサイレンが鳴りひびきます。そのたび、豊郷《とよさと》の子どもたちは、防空頭《ず》巾《きん》をかぶり、＊防空壕《ぼうくうごう》に避難《ひなん》しました。滋賀《しが》県は空襲《くうしゅう》は少なかったのですが、豊郷《とよさと》村にもアメリカ軍の飛行機が飛んできました。

「このままでは、いつ小学校がねらわれるか、わかりません。まっ白い学校は、目立ちすぎます」

「どうしたらいいのか。子どもたちをなんとしても守らなければ」

「とにかく、かくさなくては」

　先生や村人たちは、協力してやぐらを組み、黒い塗料《とりょう》でかべをぬりました。

「これでも心配だ」

B―29爆撃機　ボーイングB―29スーパーフォートレス。アメリカのボーイング社が設計・製造した全幅四三・一、全長三〇・二メートルの大型爆撃機。航続距離は五千二百三十キロメートルにも及び、太平洋戦争末期の一九四四（昭和一九）年から日本本土を空襲するためにサイパン島やレイニン島、グアム島から飛来した。

防空壕　敵の航空機による空襲から避難するために、地下につくられた施設。一九四五（昭和二〇）年七月三一日に豊郷村は空襲による爆撃被害があった。

みんなで知恵《ちえ》をしぼりました。

「戦争はこれから先、何年つづくかわかりません。建物に、ツタをはわせて、空から見つけにくくしてはどうでしょうか?」

「なるほど。いっこくも早くそうしましょう」

子どもたちは、学校のまわりにツタを一本一本植えていきました。

八月六日、広島《ひろしま》に*原子爆弾《ばくだん》が投下されました。八月九日には長崎《ながさき》にも原子爆弾《ばくだん》が落とされ、ついに八月一五日、日本は*無条件降伏《むじょうけんこうふく》をしました。戦争に負けたのです。

ヴォーリズは、戦争が終わって三カ月後の一九四五（昭和《しょうわ》二〇）年一一月、三年間の軽井沢《かるいざわ》での生活から解放され、妻とともに近江八幡《おうみはちまん》にもどってきました。

冬のある日、まっ白だった校舎が黒くぬられている、かわりはてた建物をみつめているヴォーリズの姿がありました。

豊郷《とよさと》国民学校は、一九四七年（昭和《しょうわ》二二）年豊郷《とよさと》村立豊郷《とよさと》小学校となりました。

原子爆弾　核兵器のひとつで、ウラン原子などの原子核に核分裂反応を起こさせて生じる巨大な熱や放射線を含む爆発力を利用した爆弾。広島に投下されたのはウラン型原爆とよばれるものでTNT火薬で十三キロトンに相当する爆発力だった。長崎に投下されたのはプルトニウム型とよばれるもので、同じく二十二キロトンに相当する爆発力であった。両市合わせて、その年の年末までに二十一万人以上が死亡した。

無条件降伏　軍事上にもちいる言葉で、勝った国が負けた国に対して条件をつけさせず負けを認めさせる終戦の方式。第二次世界大戦で、連合国は日本に対して、一九四五（昭和二〇）年七月のポツダム宣言のなかに、「無条件降伏」を求めていた。日本は八月一四日、宣言をうけいれた。

学び舎への思い

戦争がおわり、世の中は、しだいに落ち着いていきました。

一九五一(昭和《しょうわ》二六)年には戦争中の金属供出のため失われた階段手すりのウサギとカメが寄付により復元されました。

それから六年後、校舎ができて二十年がすぎました。

「戦時の金属供出で鉄治郎《てつじろう》さんの胸像が、失われたままなのはさびしい」

という声があがりました。

「ウサギとカメとおなじように溶《と》かされてしまったんや」

「ぜひ、もう一度つくりたい…」

「では寄付を集めればいいのでは?」

「それがいい。たったひとりの人が学校を寄付するなんて、すごいことやで」

▶古川鉄治郎の胸像(現在)

「わたしにも、胸像をつくるための、寄付をさせてください」

あちこちから申し出があり、たちまち約六十五万円という大きなお金が集まりました。校舎ができて二十周年の記念式典で、新しい胸像がひろうされました。

ふたたび、鉄治郎《てつじろう》が故郷にもどってきたようで、村は喜びにあふれました。それほど豊郷《とよさと》の人たちにしたわれつづけていたのです。

そして一九六三（昭和《しょうわ》三八）年の学校創立九十周年の記念式の時には、校内においていた胸像を前庭に設置しました。それ以来、鉄治郎《てつじろう》の像はいつも子どもたちをあたたかく見守っています。

一九六一（昭和《しょうわ》三六）年のことです。

職員会議で話し合っている時、こんな意見が出ました。

「ソニーへ応募《おうぼ》したらどうでしょうか？」

ソニー株式《かぶしき》会社*は、一九六一（昭和《しょうわ》三六）年五月、創立十五周年記念事業として「ソニー理科教育振興《しんこう》資金」*の計画を立て、全国の学校に「理科教育法」の公募《こうぼ》をよびかけていたのです。国土がせまく、資

ソニー株式会社　戦後間もない一九四六（昭和二一）年、盛田昭夫（一九二一～一九九九）、井深大（一九〇八～一九九七）が東京通信工業株式会社を設立したことから始まる。一九五八年ソニー株式会社と社名を変更。世界的な電気通信機メーカー。「モノ作り」にこだわり、「技術のソニー」といわれる。

ソニー理科教育振興資金　ソニーの創業者井深大が、日本の将来の発展を支える子どもたちが、科学に関心を持ち科学に興味を持つためには、小中学校の理科教育がもっとも重要だと考えて始めた事業。一九五九（昭和三四）年より開始された。その後「財団法人ソニー教育振興財団」を経て、現在は公益財団「ソニー教育財団」として教育助成活動を続けている。

源がとぼしい日本では、科学技術を発達させることが国の発展にかかせません。未来をになう子どもたちにとって、理科教育が大切です。優秀校《ゆうしゅうこう》には、賞金があたえられます。

「ようし、やってみよう」

先生たちは、毎日夜食をとって残業し、理科教材をつくったり指導計画を立てたり、教具をつくったりと、環境《かんきょう》を整え、七月にソニーに応募《おうぼ》しました。

テーマは「科学的想像力を伸《の》ばす理科指導」というものでした。この取り組みがソニーに認められ、豊郷《とよさと》小学校は日本一になり、賞金百万円をもらったのです。

先生たちは熱心に理科室で教材をつくりました。

「さあ、みんな、きょうは、おもしろいものを見せるぞ」

先生のことばに子どもたちは、理科室となりの科学室に入りました。ここには先生たちが手づくりのプラネタリウムを設置していました。

「まっくらや」

▶ソニー賞受賞記念碑

「ほんまや。いったい何がはじまるのかな?」

ざわざわしています。しだいに目が慣れてきました。

「さあ、上を見てごらん」

顔をあげると、みなの中心に立っている先生が、機械を操作し、天井《てんじょう》にはられた白い布に小さい明かりをあて、星座を映しだしています。

「東西にうっすら白く見える帯のようなものが、天の川だよ。では、夏の大三角形はどれかな。白鳥座のデネブ、鷲座《わしざ》のアルタイル、こと座のベガ」

先生は、星座につぎつぎ矢印の照明をあてていきます。

「星にも名前があるんだな」

こどもたちは、星に興味《きょうみ》をもちました。

またあるときは、*モールス信号も覚え、友だち同士で交信できるようになりました。

高学年になると、家の電気配線パネルをつくりました。

運動場のかたすみには大きな鳥のケージがあります。アヒルやガ

モールス信号　短点「・」と長点「ー」を組み合わせて会話や通信などの交信に利用する符号方式。「トンツー信号」ともいう。単純な通信方式なので、現在でも利用されることがある。国際モールス符号は、アルファベット、数字、記号のきまりがある。

チョウなどを飼育し、観察をしました。ケージの地面には滋賀《しが》県をかたどった盛り土をし、中心に琵琶湖《びわこ》の形の池をつくりました。池では鳥が水あびをします。

二年後の一九六三（昭和《しょうわ》三八）年、豊郷《とよさと》小学校では、理科教育全国大会が開かれ、その成果をひろうしました。盛田昭夫《*もりたあきお》ソニー副社長（当時）や元東大総長であった茅誠司《*かやせいじ》氏などが視察にきました。

一九六四（昭和《しょうわ》三九）年、秋。

五十歳《さい》をすぎた男性が、豊郷《とよさと》小学校の校舎を見学に訪れました。

「なつかしい」

校長先生に案内された男性は、あたりを見回しながら、何度も同じことばをくり返します。校長先生は、男性の顔をまじまじと見つめました。

「この学校が建てられてから、二十七年がたちます。この校舎を建設した際の現場監督《かんとく》をしておられたそうですが、ずいぶん、お若いころだったのですね」

盛田昭夫（一九二一～一九九九）ソニー創業者のひとり。井深大とともにソニーを世界的企業に育てた。一九七一（昭和四六）年社長、一九七六（昭和五一）年会長に就任。その後、経団連副会長など。井深大の技術的発想を実現し、トランジスタラジオ、ウォークマンを世界に売りこんだ。

茅誠司（一八九八～一九八八）物理学者。一九五七（昭和三二）年から一九六三（昭和三八）年まで東京大学総長をつとめた。また、日本学術会議の会長として原子力研究の中心となった。

「まだ二十代でした。入社してはじめて現場監督《かんとく》に任命されたのです。責任の大きさにふるえたことを思い出します。鉄治郎《てつじろう》さんという方の志に多くの村人が協力的だったことが忘れられません」

「ほー、でも、なぜ、今ごろになって見学にこられたのですか？」

「新幹線《しんかんせん》ですよ。つい先日、新幹線《しんかんせん》に乗っていて、彦根《ひこね》にさしかかった時、見えたのですよ。この小学校が。昔のままの姿でした。とにかく、心が一足とびに当時にもどったというか、若き日の仕事をどうしても、もう一度、この目で見ておきたくなったのです。わたしも現役を退く年齢《ねんれい》になってきましたから」

この年、東京オリンピック*《とうきょう》を目前にひかえ、東京《とうきょう》・新大阪《しんおおさか》間を三時間で結ぶ「ゆめの超特急《ちょうとっきゅう》」東海道新幹線*《とうかいどうしんかんせん》が開通しました。

「建物は少し古くはなっていますが、とても大切に使いこまれていますね」

感心したようすです。

「あった。ウサギとカメ」

東京オリンピック　一九六四（昭和三九）年一〇月、東京都を中心に開催された第十八回夏季オリンピック東京大会。アジアではじめて開催された。日本は、体操競技や女子バレーボールなどの活躍で十六個の金メダルを獲得。戦争に負けた日本が、高度経済成長をとげたことを世界に知らしめる祭典となった。

東海道新幹線　一九六四（昭和三九）年一〇月一日に開業した、世界初、日本初の高速鉄道。最高時速二百十キロメートルで、東京・新大阪間を約三時間で結んだ。

廊下《ろうか》を歩いていた男性は、とつぜん階段の前でたちどまりました。

「なんとしてもここになければならない。この学校のシンボルたち」

「と申されますと、このウサギとカメを寄付された方とは神谷《かみや》さん、あなたでしたか」

校長先生のことばに男性は目をかがやかせました。

「そうです。学校からウサギとカメの像がなくなったと聞いて、なんとか復元できないものかと、当時の資料や型をさがしつくらせました」

「そうでしたか。ありがとうございます。ウサギとカメたちは、毎日子どもたちになでられ、いまではこんなにぴかぴかです」

「きっとこどもたちの心にすみついているでしょう」

神谷新一《かみやしんいち》はカメの像をやさしくなでました。

毎年五月三〇日には、生徒たち一人ひとりが花を持って鉄治郎《てつじろう》の墓参りをします。その日は校舎が完成したお祝いの日だからです。

校舎を寄付してくれた鉄治郎《てつじろう》への感謝の気持ちは、おじいさん、お

▶新しくすえられたカメとウサギ

ばあさんから親、親や先生から今の子どもたちに語り伝えられてきたのです。

人々は、近代設備を持ったりっぱな学校で学んだという誇《ほこ》りを持ちつづけています。長年、古い校舎を大切に使うことで、物を大切にするという精神もつちかわれていきました。

「あの校舎がすきなんです。ふんいきがあって、どっしりしていて。中学校へ進学し、はじめて小学校のころの校舎のよさがわかったんです」

卒業生のひとりがいいます。

「ぼくたちにあたたかな環境で夢を育めるようにという思いが、あの校舎に宿りつづけているみたい」

「『学校はホーム』という考えで建てられている。まるで家にいるみたいに、安心できるんや」

豊郷《とよさと》小学校の卒業生たちは、学び舎への熱い思いをずっと胸にいだきつづけていたのです。

▶豊郷小学校の廊下

④ 歴史ある校舎の運命は？

校舎がこわされる？

二〇〇一（平成《へいせい》一三）年夏休みのことです。

「えっ！　うちらの校舎、こわすの？」

木村《きむら》みゆきはおもわず大きな声を上げ、友だちに聞きかえしました。夏休みのプール登校の帰りでした。

みゆきは、豊郷《とよさと》小学校の五年生です。

「そやねんて。建ってから六十四年もたって古くなったからって。地震《じしん》がきたら倒《たお》れてあぶないんやて。おとうさんが言ってた」

「知らんかった…」

みゆきは、この町で生まれて育ちました。いままであの校舎はあってあたりまえでした。

たしかに校舎を外から見ると灰色で古ぼけてはいます。でも、なかはどっしりと落ちついたふんいきです。入学してからずっとこの校舎で、勉強したり遊んだりしていました。みゆきにとって、ちょっぴりじまんの学校だったのでショックでした。

家に帰ると、さっそく、おじいちゃんに校舎が建てかえられるという話をしました。

けれど、おじいちゃんは、信じてくれません。笑いながら、きっぱり言うのです。

「まさか。じょうだんや。絶対あるわけない」

「友だちから聞いたよ」

「暑さでぼーっとしてたんとちがうか。聞きちがいやって」

「へんやな。まあ、それやったらいいけど」

少し安心しました。

（友だちが言ってたのはまちがいやったんや）

でもその後、おじいちゃんは、あちこち電話をかけはじめました。

「はあ。そうですか。なんと、まあ」

顔がだんだんけわしくなってきます。電話で話している声が怒《おこ》って
いるように聞こえます。

受話器をおいたおじいちゃんは、がっくり肩《かた》をおとしました。なん
だかようすがへんです。

「どうしたの？」

みゆきがたずねると、そくざにつぶやくように言いました。

「まったく。腹がたつよ。いま、確かめたけど、やっぱり、あの校舎*
こわして建てなおすそうや。町が決めたんやて」

「えっ！　ほんまやったんや！」

「あんな、いい校舎をつぶすなんて。信じられん」

おじいちゃんは、なげいています。

「一度こわしたら、二度とは建てられない。どう考えても、納得がい
かん」

「せやけど、もう決まったんやろ。しかたないやん」

校舎こわして建てなおす　二〇〇一（平成一三）年五月二四日、第一回「豊郷小学校改築検討委員会」が開かれ、改築に向かった。同年八月一一日の第二回検討委員会で「図書館だけを残し、校舎及び講堂を解体・新築」すると決定・採択された。

みゆきのことばにおじいちゃんの顔色がさっとかわりました。

「なにをいうんや。わしは、あきらめへんぞ。あれだけの学校をつぶしてなるものか。建ててくれた鉄治郎《てつじろう》さん、ヴォーリズさんに、申し訳がたたんやないか」

「だけど、だからって、どうしたらいいのよ?」

みゆきには、わかりません。

言いあらそい

二〇〇二(平成《へいせい》一四)年九月三〇日。

滋賀《しが》県にある豊郷《とよさと》小学校の校門の前で、何台もの報道カメラのフラッシュがまたたきました。報道陣《じん》は、琵琶湖《びわこ》の東にある小さな町に注目し、集まってきたのです。

レポーターがマイクを持ち、テレビカメラの前で話しかけています。

通学路を学校に向かって歩いていた、六年生の木村《きむら》みゆきは、たちどまりました。

（わー、すごくたくさんきてる）

二学期になって、毎日、学校の近くにマスコミのものものしい車がとまるようになりました。

でも、きょうはふだんより多くの記者やカメラマンが来ています。

（明日から学校の造成工事がはじまるんやもん）

みゆきは、声をださずに心でつぶやきました。

きのうの夜、おとうさんとおじいさんが言いあらそいをしていたのを思い出したのです。

夕食の時でした。ビールを飲み、赤い顔をしたおとうさんが言いました。

「いよいよ、小学校の工事がはじまるんですね。かなりいたんでるらしいから」

おじいさんの顔色が、かわりました。

「なに、言ってる。びくっともしてへんぞ。あの建物は、腕《うで》ききの職人たちの心意気でつくってある。簡単にこわれるものと違《ちが》うぞ」

「でも、建ってから六十年以上たつんですから。あちこちがたがきてもしかたがないでしょ」

「修理すればいいんや」

「もし、本当に危険な状態やったらどうなんですか？　それでも使いつづけるんですか？」

「あの小学校は危険やない。専門家も言っている」

「ぼくが言いたいのは、もし、たとえ、このままとりこわすことになったとしても、鉄治郎《てつじろう》さんやヴォーリズさんが子どもたちに学校をつくってくれた気持ちをしっかり伝えていけばいいのではないですか？　何がなんでも保存すべきであるというのは、勝手な見方とちがいますか」

「勝手？　どういう意味や」

「建物は時代にあわせて新しくすることが必要なんとちがいますか？　古い建物をすべて残すんですか。そんなことしたら日本はどうなるのですか。不便で困ってしまいますよ」

「そんなことできるはずないやろ。すべての建物を残せと言うてるのともちがう。残す価値があるかが問題や。またいくら先人の想いがこもっている建物でも、地震《じしん》に負けてしまう場合もある。むしろ残せないものの方が多いことぐらい、知ってるぞ」

「進歩のためには、しかたない面もありますよ」

「進歩って何や。豊郷《とよさと》の宝をなくしたいのか？　こわしてしもたら二度とは建てられんものや」

「どんな建物にもいつかは寿命《じゅみょう》がくるんですよ」

「だからといって、まだまだ使える建物をこわして、新しく建てるのはおかしいやないか。修復して大事に使うたらいいのや」

九月に入ってから、みゆきの学校は毎晩のようにテレビニュースで取り上げられるようになりました。

「ねえ、ねえ、きみたち、豊郷《とよさと》小学校の問題、どう思いますか？」

「校舎がこわされることに反対？」

T《ティー》シャツにジャンパーをはおり、カメラを肩《かた》にかついだ男の人や、マイクを手に持った女の人が、たちどまっているみゆきの前を歩いている子どもたちに聞いていきます。先生がとんできて、

「やめてください」

と、両手を大きく広げて立ちはだかり、子どもたちを校内へ誘導《ゆうどう》しました。

「おはよっ、木村《きむら》さん」

元気よく声をかけられました。

その声にふりむくと、同じクラスの天川春樹《あまかわはるき》くんが立っていました。

「また、来てるな。あの人たち」

校門を指さします。

「なんか、町中が、こわすのに賛成と反対にわかれて、ぴりぴりしたふんいきやで…。親戚《しんせき》や、近所同士でも意見がわかれてるしな」

「どうなってしまうんやろ、うちらの町」

みゆきは、おじいちゃんとお父さんのけんかを思い出して、ちょっ

ぴりゆううつです。

ところが、春樹《はるき》くんはきっぱり言います。

「ぼく、二年になって、すぐにこっちに転校してきたやろ。はじめ、古い校舎なんでびっくりしたけど、学年が上がるにつれて、この学校のすごいところがわかってきたで」

「どんなとこ？」

「前の学校と、ふんいきが全然ちがう。教室も廊下《ろうか》も木でできてるやろ。落ちつくねん。広い廊下《ろうか》もいい」

「うーん。それはそうと思うねんけど、やっぱり古いし…。建てかえた方がいいんかもしれん」

「そっかなあ。木村《きむら》さんはずっとこの学校にいるから、よさがわからへんのとちがうか？　残念やな」

「すごいなあ、天川《あまかわ》くんは、しっかり自分の意見もってるんやもん」

「でも、ぼくも、町がこんなにもめるなんて…。はずかしいなあ」

「ほんまや。大人は勝手や。学校を建てかえるとか、建てかえに反対とかさわいでいるけど、うちら子どもたちの意見は聞いてくれないし。

校長先生や担任の山口《やまぐち》先生はどう思ってるんやろか?」

「先生たちの意見もいろいろわかれているそうや。こわすのに反対の先生もいるって。山口《やまぐち》先生はみんなが大切にしてる校舎をつぶすのは、つらいけど、決まったら、従わなあかんって言ってた」

春樹《はるき》くんのことばに「うん、うん」とうなずきながら、みゆきは考えました。

(学校の建てかえは、時代の流れやというお父さん。ぜったいこわしたらあかんというおじいちゃん。どっちの意見が正しいんやろ?)

少し前まで、あるのがあたりまえだと思いこんでいた校舎。学校全体から歴史を感じさせてくれます。ずっとここで勉強するものとばかり思っていたので、校長先生が建てかえの話をした時、信じられませんでした。

(毎朝、むかえてくれる五十本のイチョウ並木はどうなるんやろ?)

もやもやした気持ちのまま、みゆきは、道端《みちばた》の小石をけりました。

あぶない！　おじいちゃん

つぎの日、二〇〇二(平成《へいせい》一四)年一〇月一日は、空がすみわたり、真夏のように暑い日でした。

町は学校の造成工事をするため、ブルドーザーやダンプカー、ショベルカーを校内に入れました。小学校の前庭には、町職員がならんで立っています。

校舎を保存しようと活動している「豊郷《とよさと》小学校の歴史と未来を考える会」*のメンバー約三十人が、「ただちに中止せよ」と書かれたプラカードを持ち、正門前に集まっています。メンバーは、主婦や、ふだんは田んぼで働いているおばあさんやおじいさんたちです。みゆきのおじいちゃんのすがたも見えます。

何台ものテレビカメラが、そのもようを撮影《さつえい》しています。

正門にはロープがはられ、「造成工事中」と書かれた看板が立てか

豊郷小学校の歴史と未来を考える会　二〇〇一(平成一三)年一〇月一二日、豊郷小学校の卒業生および住民が結集して発足した、豊郷小学校校舎の保存推進活動を担った団体(通称考える会。代表は本田清春氏)。考える会は、校舎および講堂の取り壊しに反対して、豊郷町民をはじめ滋賀県民や全国の人々に校舎の歴史的文化的意義を訴える活動を行った。その活動は、シンポジウムや見学会を催すばかりではなく、法廷での工事差止請求にも及んだ。

けられていたので、みゆきたちは、裏門から学校にはいりました。

（いま、これから、校舎がとりこわされる……）

校門の前で住民グループたちは、大きな声をあげています。

「豊郷小《とよさとしょう》のこの風景をこわさないで」

校舎の正門前で、プラカードをかかげ歩いています。

みゆきたちが、教室へはいった時です。

とつぜん、大きな音がしました。

あわてて廊下《ろうか》に出て、窓から見ると、ショベルカーがうなり声をあげ、木をきりはじめたのです。

「ああ」

みゆきは、思わず声をあげてしまいました。

「はじまった」

「すごいなあ」

子どもたちが、つぎつぎ声を上げます。

ショベルカーが、前庭に植えられた五十本の並木を、なぎたおしているのです。

その光景を目にして、はじめて、みゆきの心にふしぎな感覚がわいてきました。心につきあげるものがありました。

「かわいそう」

きりたおされる、イチョウの木たち…。入学してから毎朝、登校するみゆきたちを迎えてくれました。春はうすい緑の新芽が枝からいっぱいでます。夏は葉が青々としげり、すずしい木かげをつくってくれます。秋には葉が黄色くなり、丸い実をいっぱいぶらさげます。

はりつめていた心がプツンときれたように、みゆきの目からは、勝手になみだがあふれてきました。

「ぼくらのイチョウの木。きらんといて」

「そうや、そうや。なんでそんなことするねん」

うしろの方からも声が聞こえました。その声に、ほかの子どもたちもうなずいています。泣きだす子どももいました。

翌朝、学校へ行くとショベルカーがまた、ごう音を上げ、木をきっていきます。

校舎をこわすのに反対する住民たちが顔色を変えて、集まってきました。

「やめてください」

たまりかねたようすで、「考える会」の女の人が、声を上げました。

しかし、声は機械の音に消されます。

男の人も、いかりをぶつけるように言いました。

「ぼくはね、この学校が好きなんですよ」

しかし機械の音にかき消されます。

その時です。

とつぜん、ひとりの男の人が、「もうやめてくれー。機械をとめてくれー」とさけびながら、ショベルカーにかけよりました。

みゆきのおじいちゃんでした。

「あぶないよ！」

みゆきは、思わず教室の窓から飛び出そうとしましたが、

「あかん」と、となりにいた春樹《はるき》くんにうでをつかまれました。

運転手は、あわててレバーから手をはなしました。ショベルカーは、音をたて、よろめいたように止まり、やがて機械の音がやみました。

「校舎をつぶすなら、わしを先に殺してくれ」

おじいちゃんは、ショベルカーによじのぼりはじめました。

「鉄治郎《てつじろう》さんに、申し訳がたてへん」

ショベルカーに乗りこんだおじいちゃんの声が小さくなっていきます。なみだがあふれて、声がでなくなったのです。

「そうや。わしらの気持ちを無視するこんな工事はやめさせなあかん」

住民たちが声をあげています。

「イチョウをきらないで」

しかし、工事はつづけられました。

おじいちゃんのおもい

放課後、みゆきは家に帰ると、おじいちゃんにつっかかってしまいました。

「なんで、あんなあぶないことしたの？」

おじいちゃんは、だまって冷蔵庫からジュースをだし、コップについでテーブルに置きました。

「まあ、すわって。おじいちゃんの話も聞いておくれ」

みゆきは、コップをとり、一気にジュースを飲みました。あまずっぱいオレンジの香《かお》りがひろがり、気持ちが少し落ち着きました。

「おどろかせて悪かったな。せやけど、あの校舎をこわさせるわけにはいかんのや」

「なんで？」

「おじいちゃんも、みゆきのとうさんもあの学校に通った。あの学校は、豊郷町《とよさと》のシンボルやねん。思い出がいっぱいあるんや。おじいちゃんが通っていた時は、戦争中やった。世の中がくらかったんやけど、学校にきたら、なぜか気持ちが明るくなるんや。不思議やったな。それに爆撃《ばくげき》にあわへんようにツタを植えたんは、おじいちゃんたちやで」

みゆきの心に、六年間通ったいろいろなことがうかんできました。入学した時は、古い校舎におどろきました。けれど、毎日通ううちに、だんだんいごこちがよくなってきました。テストで悪い点をとっておちこんだ時や、友だちとけんかした時、階段のウサギとカメの像がやさしくはげましてくれたり、なぐさめてくれる気がしました。みゆきは、あのウサギとカメがだいすきです。

春には毎年、実習田《じっしゅうでん》で田植えをし、もち米を育てます。実習畑ではサツマイモを植えます。秋に収穫《しゅうかく》し、収穫祭《しゅうかくさい》でおもちをついたり、焼きいもをしてみんなで食べました。

(そっか。あの古ぼけた校舎には、いろんな人の思い出がつまっているんや)

みゆきはにっこりしました。

「うちも、あの校舎は残した方がええと思うわ。おじいちゃんたちの思い出と、うちの思い出が、あの学校でつながっているんやもん」

みゆきは、それからは「校舎がこわされたらあかん」と友だちにも話すようになりました。

二学期の終業式の前日でした。ついに校舎*を保存しなさいという裁判所の決定がおりたのです。

「わー!」

「やった、やった」

みゆきたちのクラスの生徒たちも喜びあいました。

「よかったな。校舎が残ることになったんやて」

「すごーい。ウサギとカメが奇跡《きせき》を起こしたんや」


校舎を保存しなさいという裁判所の決定　「豊郷小学校の歴史と未来を考える会」は司法の判断を仰ぐために、二〇〇二(平成一四)年八月二二日、大津地方裁判所に「校舎解体工事差止め仮処分申請」をおこなった。裁判所は同年一二月一九日、「校舎解体工事差止め」の仮処分決定をくだした。決定のなかで「町は保存改修の可否や耐震性など十分な調査をしないまま解体工事をしたことは、町の財産管理方法や効率的な運用法方として適切さを欠き、地方財政法違反にあたる」と述べた。

「ちがうって」

みゆきは、はっきり言いました。

「おじいちゃんたちや、町の人やうちらが、あの学校のことを考えて、残そうとがんばったからや」

みゆきは、心のつかえがすっとおりた気がしました。

けれど、みゆきが卒業した後、二〇〇三(平成《へいせい》一四)年六月から、運動場をはさんで本校舎の向かいがわに新校舎の建築工事*がはじまったのです。


晴れあがった空に、白いすじ雲が流れていきます。目の前に、収穫《しゅうかく》を待つばかりの稲田《いなだ》が広がっています。

二〇〇三(平成《へいせい》一四)年九月。敬老の日です。学校は休みで、工事もしていません。

木村《きむら》みゆきは、おじいちゃんと建築中の校舎を見に、豊郷《とよさと》小学校にやってきました。


新校舎の建築工事がはじまった　「校舎解体工事差止め」の仮処分決定をうけ、町は豊郷小学校校舎を保存することを決定。その一方で、同じ敷地に新校舎の建設をおこない、旧校舎は教室としては使わないという方針を表明した。新校舎の建築という新たな問題は、二〇〇三(平成一五)年、町長のリコール、町長選挙を経て、五月に召集された町議会で予算が決議され、建設工事開始へと進んだ。

みゆきは、中学一年生になりました。

「工事はどうなってるんや?」

おじいちゃんの足が早くなります。

「あわてんでもいいよ」

みゆきが追いかけます。

ヴォーリズが設計し、鉄治郎《てつじろう》が寄付した校舎が、保存されることが決まってから、九か月たった、二〇〇三(平成《へいせい》一五)年九月のことです。

まず校舎の運動場側にまわっていきました。

鈴鹿山脈《すずかさんみゃく》のなだらかな山なみが遠くにうっすら見えます。広びろとしたけしきの向こうに、先っぽが空に突き出た、茶色と白の巨大なクレーン車があります。白い防ぎょ壁《へき》に囲まれた建設現場でした。

「もうこんなに…」

おどろいたようすのおじいちゃんに、みゆきは答えます。

「毎日、急ピッチで工事してるみたいよ」

建物は町が建てている新しい校舎です。一階部分の鉄骨はすでに組み立てられ、二階部分に取りかかろうとしています。現場の入り口は閉ざされていて「立ち入り禁止・撮影《さつえい》禁止」の札がかかっていました。

おじいちゃんは、前年一二月のことを何度もくりかえして話します。

「新しい校舎を建てるなんて。あの発表には、おどろいた。校舎が保存されるとよろこんだのも、つかのまやったで。また、あらしのなかにひきもどされた気がした」

「ほんま。校舎は残ったけど、新しい校舎が建つことになったから、うちら、三学期はプレハブ校舎に入った。プレハブもおもしろいという子もいたけど、冬はめちゃ寒いし。前の校舎とえらい違《ちが》いやったわ」

「新しい校舎を建てるのに賛成の住民の意見も、尊重せなあかんということになったんや」

「ふーん。うち、もう一回この校舎に入ってみたい。あのカメやウサギを見てみたいわ。やっぱり、あの校舎がすきや」

「そやな。わしも同じ気持ちや」

おじいちゃんは、何度もうなずきました。

みゆきたちは、同じ敷地《しきち》の北西がわにある、豊郷《とよさと》小学校の本校舎へ向かいました。

フェンスにそって歩いていくと、背の高いヒマラヤ杉の向こうに、灰色の堂々とした建物があらわれました。

一九三七（昭和《しょうわ》一二）年に完成した豊郷《とよさと》小学校の校舎です。

「どっしり落ち着いていて、やっぱり品があるなあ。校舎を見ていると、この場にいるはずもないたくさんの子どもたちの声が耳にひびいてくるようや」

じいちゃんは、しみじみした調子で話します。

「いたずらして、しかられると、校長先生に『おまえたちは金の重箱で勉強しているんやで』と言われた。その時は、意味がわからんかった」

あたりを見回すと、実習田はつぶされ、プレハブの仮校舎が建っています。イチョウ並木も消えてしまいました。

「わしは、きれいな学校がだいすきやった。学校に来ると気分がよくなった。玄関《げんかん》前の噴水《ふんすい》に飛び込み、魚をとって先生にこっぴどくしかられたこともあった」

「うちは、広い運動場で、毎日ドッジボールをして楽しかった。せやけど、六年の時は、運動場は使われへんかった。実習農園の跡地《あとち》を運動場にしたからせまかったよ」

「せやけど、新しい校舎で勉強する子どもたちにとっては、そこが学《まな》び舎《や》になるんや。古い校舎とともに、新しい校舎もたいせつにしていかなあかんな」

気がつくと、太陽はすっかり西にかたむいていました。

「もうこんな時間や」

時計は五時をさしています。

風がでてきました。

すこし涼しい秋風です。

おじいちゃんは、いまからまた集会の打ち合わせがあるのです。これからも活動はつづいていきます。校舎を、*どのように使っていくのか相談しているからです。

どのように使っていくのか 保存がきまった豊郷小学校の旧校舎の使用方法について町は、二〇〇七（平成一九）年、町民にアンケートをとり、校舎を開放し、見学会を催した。

「この校舎をこわすことに反対していた人も、賛成していた人もともに、みんなで知恵を集め、どうしたらよりよく使えるか考えていきたいものや。この校舎を修復し、次の世代の子どもたちに残していくことができるんや。まだまだこれからや。ゆめを持って活動していくで」

おじいちゃんは、にっこりしました。

「もう一年近くこの校舎にはいってないよ。天川《あまかわ》くんたちも、また入りたいって言ってたよ」

「もうすぐやで。修復して入れるようになるんや。はよ、見たいな」

「ウサギやカメに会えるんやな」

ふたりは、どっしりとした校舎を見上げました。

夕陽にてらされた二つのかげが、長くのびていきます。

おじいちゃんと、つくりかけの校舎を見に行った日から四年がたちました。

二〇〇七（平成《へいせい》一九）年冬、四年ぶりに校舎が開放されました。保存が決まったヴォーリズ設計の校舎をどのように使うか、町民にアンケートをとることになったからです。みゆきは、高校二年生になっていました。おじいちゃんも元気で毎日、畑で仕事をしています。

「あのウサギとカメに会える」

みゆきは、おじいちゃんといっしょに学校に出かけました。

くつをはきかえると、いそいで階段に向かいました。

「残ってた。よかった」

階段の手すりの上のウサギとカメは、まるで、何事もなかったかのようにやさしい表情でちょこんとのっています。みゆきは、いっしゅん、小学生時代にもどったような錯覚《さっかく》におちいりました。

「おー、すこしも変わってないな」

おじいちゃんもうれしそうです。

みゆきも知っている卒業生や住民がおおぜい訪れていました。

あちこちなつかしそうに見ながら、歩いたり、ほかの見学者と話したりしてなごやかな時間が過ぎていきました。

みゆきは、四十年間、子どもたちの手でさわられ、つるつるに光ったウサギとカメの像を何度もなでました。

「すごいな。そっか、校舎が残ったのは、うちらやおじいちゃんたちが、あの学校のことを真剣に考えたからや」

みゆきは、にっこりして思いうかべました。昔の人たちが、子どもたちへプレゼントしてくれたこの校舎のことを。大きくて、どっしりしていて、あったかい。そして、とてもなつかしいのです。

エピローグ

二〇〇九（平成二一）年五月三〇日。

「壁が真っ白になってる」

「もともとは、こんなんやったんか」

「はじめて見るような気がする」

校舎を囲《かこ》んでいた防護壁《ぼうごへき》が取り払われると、塗《ぬ》りかえられた校舎があらわれました。

再びよみがえった校舎の前で、町民たちは感嘆《かんたん》の声をあげています。二〇〇八年より約一年近くかけ、校舎は、建てられた当時のデザインや間取りのままに修復されました。

きょうはリニューアルオープンの日です。

大勢の人が学校を見に来ました。

門から見て正面が校舎、右手に講堂、左手の図書館はいまは酬徳《しゅうとく》記念館。創建当時の真っ白い鳥が羽を広げている面影《おもかげ》が再現されていました。

校舎内の町民図書館では、住民に本の貸し出しをし、校舎は、教育委員会や子育て支援《しえん》にも利用されます。また、元職員室のあった場所に資料室がもうけられ、鉄治郎《てつじろう》やヴォーリズについて、写真や手紙などが展示されています。

リニューアル以前は、灰色にくすみ、まるで、歴史の重みに耐《た》えているようでした。戦争中、敵の爆撃《ばくげき》を受けないよう校舎の壁を黒く塗《ぬ》ったことや、また、長年、雨や風にさらされつづけ、傷みも激しくなっていたため、ずいぶんくたびれて見えていたのです。

「この校舎は、地域の歴史を見つづけてきた。これからは、地域の活性化のため働いてくれるはず。校舎の由来を忘れず、語りついでいきたいものだ」

そんな思いが人々の心をあたためました。


みゆきは、大学生になりました。将来は小学校の先生になりたいと思っています。最近、図書館を利用する時、旧校舎にも訪れるようになりました。きょうも、階段のウサギとカメをなでました。

「うちは、アニメ『けいおん!』が好きやから」

『けいおん!』とは、桜《さくら》が丘《おか》高校の軽音楽部のメンバーたちの高校生活が描かれているアニメ。見るといつも胸がキュンとなります。

背景が、豊郷《とよさと》小学校の旧校舎といわれています。まるで、自分が登場人物になった気がするのです。雨にぬれた校舎。広い廊下《ろうか》。あの風がとおりぬける窓。舞台《ぶたい》のある音楽室。そして主人公たちの生活のひとこまに、かならずこのカメやウサギがでてきます。

「うちらの校舎は、いま、とっても有名になった。あの時、残ってほんまによかった」

アニメ『けいおん！』の学校のモデルといわれたことで、二〇〇九年六月より、実物を見ようと多くのファンが「聖地巡礼《じゅんれい》」となづけ、見学にやってきます。

旧校舎を訪れるのはアニメファンばかりではありません。貴重な文化財を見学に来る人も多数います。また、豊郷《とよさと》町町民は、この校舎を町民のコミュニティスペースとして利用しています。

豊郷《とよさと》小学校で学んだことのあるお年寄りからみゆきの世代までのさまざまな年代の人をはじめ、最近になって豊郷《とよさと》町に転入してきた人たちなどのすべての町民に、開放されています。

町民ばかりでなく一般の人たちも　きまりに従って使えるようになりました。映画のロケなどにも使われ、これからも多くの人の目にふれる機会があるでしょう。

昭和のはじめ、子どもたちが、のびのびと学ぶことができるようにと建てられた豊郷《とよさと》小学校は、七十五年をへて生まれかわりました。

旧校舎がこのような運命をたどったことは、夢を育てるホームにと願ったヴォーリズや、子どもたちの教育に情熱をもやした古川鉄治郎《ふるかわてつじろう》にとっては、きっと想像もできなかったことに違《ちが》いありません。しかし、この建物がたいせつにうけつがれていくかぎり、ふたりが理想とした教育は、形を変えても幾世代《いくせだい》にわたって、新しい芽《め》を育んでいくことでしょう。

ふたりの思いは、たくさんの子どもたちの夢を育てました。ふたりがつくった校舎は、永遠に人々を見守りつづけたいと願っているかのようにたちつづけています。


（終わり）

【参考文献】

『失敗者の自叙伝』 一柳米来留（ウィリアム・メレル・ヴォーリズ） 近江兄弟社
『豊郷小学校は今　校舎保存にかける住民の願い』 本田清春　古川博康著　サンライズ出版
『豊郷小学校の歴史と人びと』 古川博康編
『歴史と文化薫る学び舎　豊郷小学校』 古川博康　本田清春　豊郷小学校の歴史と未来を考える会
『ヴォーリズ建築の100年』 山形政昭監修　創元社
『阪神間モダニズム』「六甲山麓に花開いた文化、明治末期―昭和十五年の軌跡」 淡交社
『伊藤忠兵衛翁回想録』 伊藤忠商事株式会社
『丸紅前史』 丸紅株式会社
『蒼鷹―小説伊藤忠商事―』 横田実著　富士ジャーナル社
『滋賀県豊郷村史』 滋賀県犬上郡豊郷村役場内　村史編集委員会
『負けたらあかん』 塗師岡喜八郎　北国新聞社

本書の刊行にあたって

本書は、祖父古川鉄治郎の丁稚奉公から、ウィリアム・メレル・ヴォーリズとの出会い、そして豊郷小学校・旧校舎群の創建（一九三七年五月）に至るいきさつとともに、豊郷小学校のあゆんだ栄光と試練の道のりを、実話を基にして描いた物語である。子ども向けの童話として分かりやすく書かれた作品だが、大人でもけっこう楽しく読める奥の深いものであると思っている。

作者の上坂和美さんと私との出会いは、豊郷小学校の保存運動―二〇〇二年頃の校舎取壊し反対運動の時だったように憶えている。この童話の4章「歴史ある校舎の運命？」は上坂さんご自身の状況体験の世界でもあるため、緊迫感がみなぎっている。「ほんとうに残ってよかった。あったかいね、永遠の学び舎！」というのが作者とともに抱く気持ちである。

さて、寄贈者の古川鉄治郎は、明治二〇（一八八七）年、旧豊郷尋常小学校を卒業（満九歳）し、満十一歳で大阪で商売をしている伯父の初代伊藤忠兵衛のもとに書生（丁稚見習い）として預けられ、大正一〇（一九二一）年の株式会社丸紅商店（社長・伊藤長兵衛）の設立当初より、専務取締役（満四十三歳）となり、最後に社長空席となっても終身専務で通したが、昭和一五（一九四〇）年に永眠（満六十一歳）。自ら築いた共同墓地である豊郷町四十九院の納骨堂に今も眠っている。

この間、昭和三（一九二八）年には、鉄治郎は、実弟義三とともに約七か月間の欧米視察旅行に出かける。このとき見た欧米の科学技術レベルの高さに対する驚愕の念は、学校教育の必要性を痛感させ、「国運の進展は普通教育の振興に待つところ頗《すこぶ》る大なり……」と旧校舎群の定礎銘に記している。またスタンフォード大学を始めとするアメリカ人の寄附と「企業利益の社会還元」の精神は、近江商人の「三方《さんぽう》よし」の精神とも相容れ、当時の最新設備を整えた豊郷小学校の寄附を決意させるきっかけになったのではなかろうか。

定礎銘「……予年少（十一歳）にして郷を出て、齢耳順《よわいじじゅん》（六十歳）になんなんとして僅《わず》かにその意を得たり。すなわちここに父半六の意をつぎ、狭隘《きょうあい》かつ腐朽《ふきゅう》に近き母校を村中央に移築してこれを整備し、もって郷土教育振興に資しかつは郷党百年の和平を図らんとす……」、これには、郷土の子どもや青年たちに懸ける熱い想いと郷土の人たちへの和平の念が込められている。

財団法人芙蓉会《ふようかい》は、古川鉄治郎の遺志を継ぎ、地域文化の向上と社会事業の発展を図る趣旨のもと、昭和一六（一九四一）年に設立認可された。現在でも、教育文化の振興、文化遺産の維持継承、自然環境および町並み景観の保全等を重点課題として事業活動を行っている。これからの町づくりのためにも、故郷や地域の文化遺産や自然を大切にしてほしい、と願ってやまない。

二〇一二年四月二九日

財団法人芙蓉会　理事長　**古川博康**

執筆者紹介

上坂和美（うえさか・かずみ）

大阪府生まれ。京都教育大学卒業。奈良県生駒市在住。「はぁとのマーク」で1997年学研読み特賞受賞。おもな作品に『お料理コンテスト　スパゲッティで大勝利』（汐文社）、『世界の食生活を変えた奇跡のめん』（学習研究社）、『コロッケいっぽーん！少女剣士』（学習研究社）がある。

協力者一覧

財団法人芙蓉会

公益財団法人近江兄弟社　藤田宗太郎

本田清春

吉岡竜巳

イラスト

うすい・しゅん

写真

財団法人芙蓉会／古川博康／山﨑喜世雄

装丁

株式会社ナックウェブ（山崎浩）

本文デザイン

山﨑喜世雄／山崎　浩（とびら）

編集協力

山﨑喜世雄

あったかいね、永遠《とわ》の学《まな》び舎《や》　**豊郷《とよさと》小学校物語**

2012年5月31日　初版第1刷発行　N.D.C.913

著　者　上　坂　和　美

発　行　財団法人 芙蓉会
滋賀県犬上郡豊郷町四十九院815
☎0749-35-2484 〒529-1161

発　売　サンライズ出版株式会社
滋賀県彦根市鳥居本町655-1
☎0749-22-0627 〒522-0004

印刷·製本　㈱シナノパブリッシングプレス

ISBN978-4-88325-475-0 C8093